A

エスニックなジュートバスケット。おしゃれなシルエットと揺れるタッセルがポイント。ブランケットやリネン類の収納にも。

HOW TO → 36ページ

B

シェブロン柄がかわいい小さいめサイズ。インテリアにはもちろん、ミニバッグとしても使えるフレキシブルなデザイン。

HOW TO → 35ページ

C

大人かわいい、ナチュラルカラー
のティッシュカバー。フリルや
タッセルetc……、毎日使うもの
だから、自分好みにドレスアップ。

HOW TO → 38ページ

D

素足に気持ちのいい、モールヤー
ンのルームシューズ。適度な伸縮
性としっかりしたホールド感で、
履きやすさ抜群。

HOW TO → **44**ページ

E

冬のお家時間やオフィスで活躍す
る、暖かなブランケット。モノトー
ンの連続模様が大人っぽく、スタ
イリッシュなデザイン。

HOW TO → **40**ページ

F

リラックスシーンに欠かせない、
ウールのクッションカバー。大胆
なアシメトリーの幾何学模様で、
お部屋にアクセントを。

HOW TO → **42**ページ

G

空間にやさしくなじむ、オフホワ
イトのダイヤ柄。ボタンやファ
スナーのないシンプル仕立てで、
ぎゅっと抱きしめても安心。

HOW TO → **42**ページ

H

エアリーなモヘアが気持ちいい、
ブロックチェックのマフラー。
ペールトーンでまとめて、女性ら
しい雰囲気に。

HOW TO → 33ページ

I

冬仕様のビッグメッシュバスケッ
トは、カジュアルにもキレイめに
も決まるアイテム。インバッグに
は心ときめくピンクをセレクト。

HOW TO → 45ページ

J

冬コーデの差し色にしたい、サニー
イエローのクラッチ。立体的なテ
クスチャーと、毛糸ならではのや
わらかなボリューム感が魅力。

HOW TO → 48ページ

K

デイリーに活躍する、カジュアル
なアランキャップ。リアルファー
のポンポンをプラスして、大人
リッチにアップデート。

HOW TO → **50**ページ

H（p.8）のカラー違い。ネイビー
×オレンジでトラッドなイメージ
に。ロング＆ワイドサイズだから
巻き方アレンジも無限大。

HOW TO → **33**ページ

Z (p.29) のアコーディオンバッグをブラックのワントーンでクールにまとめて。光沢のある素材感が、装いをクラスアップ。

HOW TO → 72ページ

L

ローゲージでざっくりと編み上げ
たボリュームスヌード。控えめに
輝くラメ糸が、顔回りを華やかに
演出。エレガントな仕上りに。

HOW TO → 51 ページ

15

 M

どんなスタイルにも似合う、ライ
トグレーのニットキャップ。ミニ
マルなデザインだからこそ、シル
エットの美しさにこだわって。

HOW TO → **52**ページ

 N

アルパカヤーンのやわらかな風合
いと、ほどよいフィット感が心地
いいミトン。地厚に仕上がる編み
方で、保温性も完璧！

HOW TO → **54**ページ

O

ニュートラルカラーでまとめたゼブラ柄のスクエアトート。パイピングでエッジを出し、かっちりフォルムを実現。秋コーデの主役に。

HOW TO → 56ページ

P

着こなしのアイキャッチになるレオパード柄。ふんわりモヘアで模様を描き、辛口デザインにやわらかなニュアンスをプラス。

HOW TO → 56ページ

Q

ラフな表情が魅力のフラットショ
ルダーは、華奢なレザーひもでレ
ディライクに仕上げて。ハンサム
コーデにほどよい抜け感を。
HOW TO →53ページ

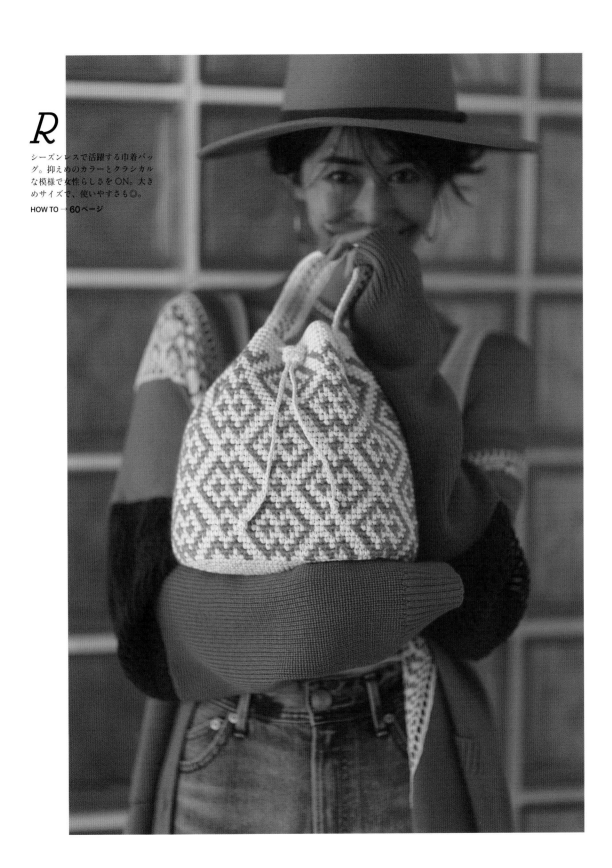

R

シーズンレスで活躍する巾着バッグ。抑えめのカラーとクラシカルな模様で女性らしさを ON。大きめサイズで、使いやすさも◎。

HOW TO → 60ページ

収納力たっぷりのレザーハンドル
つきビッグトート。シックな配色
バランスの幾何学模様で、モダン
エレガントな雰囲気に。

HOW TO → **62**ページ

I

おそろいで持ちたいファスナー
ポーチは、コスメやガジェットの
収納に。ファニーなタッセルで遊
びゴコロをひとさじ。

HOW TO → 64ページ

u

ブークレヤーンの風合いがかわい
い、フェミニンなフラットバッグ。
べっ甲柄のスクエアハンドルが、
おしゃれなアクセント。

HOW TO → 59ページ

V

異素材ミックスのフラップバッグ
は、ゴールドの金具でラグジュア
リーな雰囲気に。チェーンの長さ
をアレンジして2wayで使用可能。
HOW TO → 66ページ

W

台形フォルムのトートバッグは、
端正なルックスと見た目以上の収
納力が魅力。大人配色のバイカ
ラーでシックに仕上げて。

HOW TO → 68ページ

ファーヤーンのアームウォーマー
は、華やかな存在感だけでなく暖
かさも最上級。上品モードな着こ
なしの仕上げに。

HOW TO → **74**ページ

y

イニシャルを編み込んだ、キャン
ディカラーのミニ巾着。スイーツ
やフレーバーティーを入れて、大
切なあの人へのギフトにいかが？

HOW TO → **70**ページ

Z

トレンドのアコーディオンバッグ
は、異素材切替えのストライプが
ポイント。ドローストリングで、
シルエットのアレンジも自在。

HOW TO → 72ページ

Lesson

［ メリヤス細編みの編み方 ］

基本の編み方

1 前段の細編みの足の右側半目と頭の鎖目2本をすくう。針先を左側から入れると編みやすい。

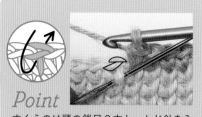

Point

すくうのは頭の鎖目2本と、とじ針を入れている右側半目の手前側1本のみ。
＊編み目の真ん中に入れてしまうと、編み地が左に斜行してしまうので注意。

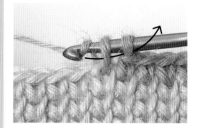

2 針に糸をかけて引き抜き、細編みを編む。目の高さを出さないと次の段が編みにくい。

段の最後の引抜き編み

段の最後の引抜き編みは、立上りの目はとばし、1目めのメリヤス細編みを1と同様にすくって引き抜く。

編込み模様の場合

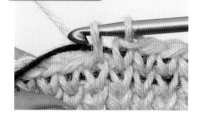

芯糸はすくわない。芯糸があると針が入れにくいのできちんと高さを出す。

前段が減し目の場合

前段が ⋀（減し目）の場合は、右側の細編みをすくって編む。

［ 編込み模様の色の替え方 ］

配色糸の替え方

1 次の目をベージュに替える場合。替える目の1目前の細編みの途中（最後に引き抜くとき）に替える。

＊ℛ p.21/p.60 のバッグで解説しています。編み方が異なる場合も同じ要領で編みます。

2 オフホワイトの糸をベージュの手前に置き、交差させる。

3 ベージュの糸を上に持っていき、糸をかけて引き抜く。針にかかった糸の色が替わった。

段を移る場合

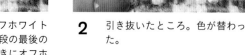

1 次の段の1目めがオフホワイトの場合。編んでいる段の最後の細編みの引き抜くときにオフホワイトに替えて引き抜く。

2 引き抜いたところ。色が替わった。

3 続けて、オフホワイトの糸のまま引抜き編みを編む。

[*K* ファーポンポンの作り方] → p.12 / p.50

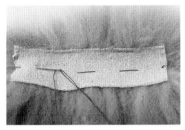

1 ファーテープを約10cmにカットする。針に手縫い糸を通して玉結びをし、大きな針目で並縫いをする。

2 糸をぎゅっと引いて、テープを絞る。

3 1の玉結びの近くに針を入れて形作る。

3 帽子のトップの編み目を針ですくう。

4 もう一度テープに通して、編み目をすくう。これを2〜3回繰り返してポンポンを固定する。

5 最後は帽子の裏側に針を出し、縫い糸と編終りの毛糸を結ぶ。2本をとじ針に通し、編み地の中に通して始末する。

[*Q* ハトメのつけ方] → p.20 / p.53

◎**用意するもの**

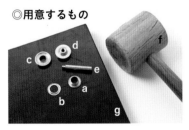

1
a ハトメ　　e 打ち棒
b 座金　　　f 木づち
c 打ち台　　g ゴム板
d 打ち具

2 編み地の表側から、ひも通し穴にハトメを差し込む。

3 ゴム板に打ち台を置き、編み地を裏にして打ち台にハトメを乗せる。

4 座金を重ねる。

5 打ち具を乗せる。

6 打ち棒を打ち具の穴に差し込み、木づちで打つ。

[*H* 配色糸の替え方] → p.8, p13 / p.33

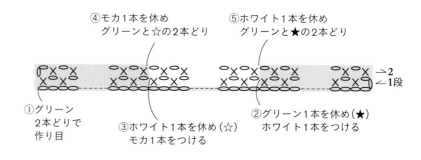

④モカ1本を休め
グリーンと☆の2本どり

⑤ホワイト1本を休め
グリーンと★の2本どり

①グリーン
2本どりで
作り目

③ホワイト1本を休め(☆)
モカ1本をつける

②グリーン1本を休め(★)
ホワイト1本をつける

→2
←1段

1 グリーン2本どりで鎖編み60目を作り目し(①)、そのまま1段めの20目を編む。

2 20目めの最後で色を替える(p.30[編込み模様の色の替え方]参照)。グリーンの1本を休め(★)、ホワイトの糸をつける(②)。

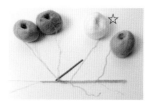

3 グリーンとホワイトの2本どりで20目編んだら、ホワイトの糸を休め(☆)、モカの糸をつける(③)。

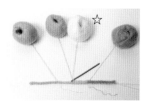

4 グリーンとモカの2本どりで端まで編む。編み地を返してそのまま2段めの20目を編み、モカを休め、グリーンと休めていたホワイト(☆)で編む(④)。

[チェーンつなぎ]

*わかりやすいよう、糸の色を替えて解説しています。

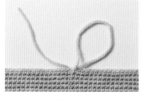

1 編み終えたら、糸は15cmくらい残してカットし、針を外して糸端を引き出す。

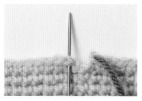

2 糸端をとじ針に通し、最初の目の頭をすくう。

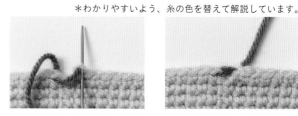

3 最後の目の中心に針を入れる。

4 糸を引いて鎖目を1目作る。最初と最後の目がつながる。

[仕上げ方]

スチームアイロンをかける

編み上がったら少し離してスチームアイロンをかけ、編み地を整える。中にタオルを入れるとかけやすい。熱いうちに動かすと形がくずれるので、冷めるまでそのままにしておく。

底板を入れる

底部分をかっちりと仕上げたい作品は、底板を入れる。はさみで簡単に切れるPPシートがおすすめ。

H 写真・8,13ページ

糸 .... リッチモア エクセレントモヘア 〈カウント10〉
　　　　　　（20g玉巻き）
　　　　　　p.8／グリーン（84）、ホワイト（46）、
　　　　　　モカ（62）各55g
　　　　　　p.13／オレンジ（86）105g
　　　　　　ネイビー（91）65g
針 .... 7/0号、8/0号かぎ針
ゲージ ...... 模様編み　19目20段が10cm四方
サイズ ...... 幅31.5cm　長さ157.5cm（フリンジ除く）

[編み方]
糸は指定の色2本どりで編みます。

1　7/0号針で鎖編み60目を作り目し、8/0号針に替えて模様編みで配色
　しながら編みます。最終段は再び7/0号針に替えて編みます。
2　編始め側と編終り側に指定の色でフリンジをつけます。

Point!
・配色糸の替え方は、p.32のプロセス写真を参照してください。
・編始めと編終りを7/0号針にすることで、フリンジをつけても編み地が
　伸びにくくなります。

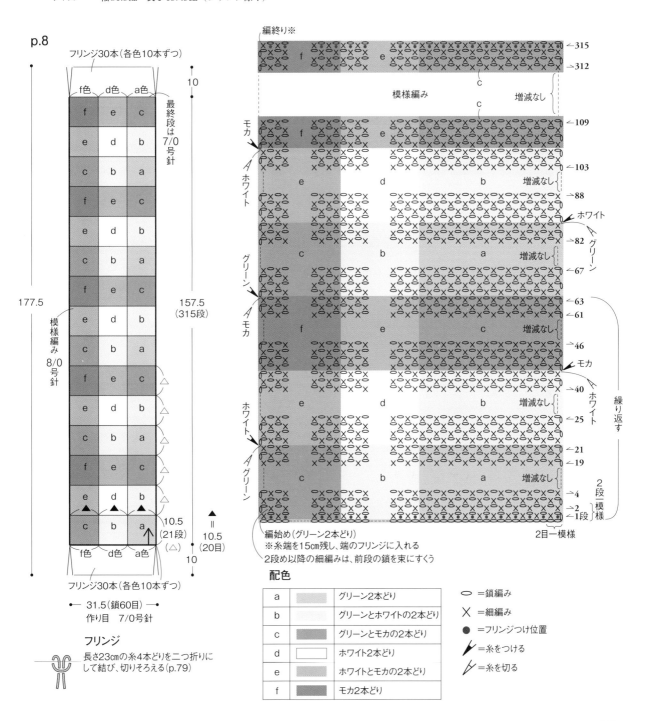

p.8

フリンジ30本（各色10本ずつ）
f色　d色　a色　　　　10
　　　　　　　　　　最終段は7/0号針

177.5
157.5（315段）

模様編み8/0号針

10.5（21段）（△）
10.5（20目）
10
△ = 10.5（20目）
▲ = 10.5（21段）

31.5（鎖60目）
作り目　7/0号針

フリンジ
長さ23cmの糸4本どりを二つ折りにして結び、切りそろえる（p.79）

編終り※
←315
←312
模様編み　　増減なし
←109
モカ　←103
ホワイト　増減なし　←88
→82 ホワイト／グリーン
グリーン　増減なし　←67
←63
←61
モカ　増減なし
→46
モカ／ホワイト　→40
ホワイト　増減なし　←25
←21
←19
グリーン　増減なし
→4
→2　2段模様
→1段　繰り返す
2目一模様

編始め（グリーン2本どり）
※糸端を15cm残し、端のフリンジに入れる
2段め以降の細編みは、前段の鎖を束にすくう

配色

a		グリーン2本どり
b		グリーンとホワイトの2本どり
c		グリーンとモカの2本どり
d		ホワイト2本どり
e		ホワイトとモカの2本どり
f		モカ2本どり

◯ ＝鎖編み
✕ ＝細編み
● ＝フリンジつけ位置
↗ ＝糸をつける
↗ ＝糸を切る

p.13

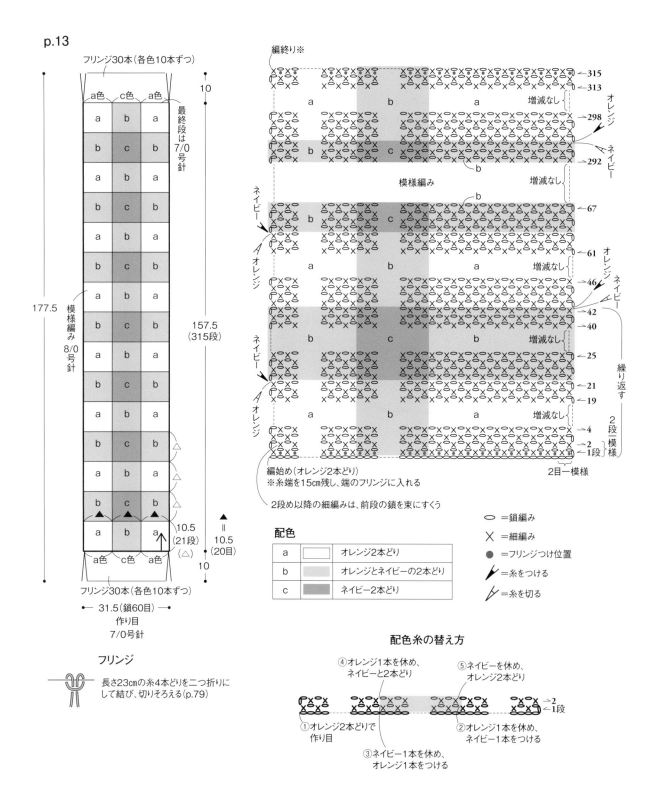

フリンジ30本（各色10本ずつ）

a色　c色　a色

a	b	a
b	c	b
a	b	a
b	c	b
a	b	a
b	c	b
a	b	a
b	c	b
a	b	a
b	c	b
a	b	a
b	c	b
a	b	a
b	c	b
a	b	a

最終段は
7/0
号針

177.5

模様編み
8/0
号針

157.5
（315段）

10.5
（21段）
（△）

▲ ‖
10.5
（20目）

a色　c色　a色

フリンジ30本（各色10本ずつ）

← 31.5（鎖60目）→
作り目
7/0号針

10

10

フリンジ

長さ23cmの糸4本どりを二つ折りに
して結び、切りそろえる（p.79）

編終り※

模様編み

2目一模様

編始め（オレンジ2本どり）
※糸端を15cm残し、端のフリンジに入れる

2段め以降の細編みは、前段の鎖を束にすくう

→315
→313

オレンジ
ネイビー

→298
→292

増減なし

→67
→61
→46
→42
→40
→25
→21
→19
→4
→2
→1段

増減なし

増減なし

増減なし

ネイビー
オレンジ

ネイビー
オレンジ

オレンジ
ネイビー

オレンジ
ネイビー

繰り返す

2段
模様

配色

a		オレンジ2本どり
b		オレンジとネイビーの2本どり
c		ネイビー2本どり

◯＝鎖編み
✕＝細編み
●＝フリンジつけ位置
＝糸をつける
＝糸を切る

配色糸の替え方

④オレンジ1本を休め、
ネイビーと2本どり

⑤ネイビーを休め、
オレンジ2本どり

→2
←1段

①オレンジ2本どりで
作り目

③ネイビー1本を休め、
オレンジ1本をつける

②オレンジ1本を休め、
ネイビー1本をつける

B 写真・3ページ

糸 ············· ハマナカ コマコマ（40g玉巻き）
ベージュ（2）160g ホワイト（1）75g
針 ············· 8/0号かぎ針
ゲージ ········ メリヤス細編み、メリヤス細編みの編込み模様
14.5目16段が10cm四方
サイズ ······· 底の直径18cm 深さ15cm

[編み方]
糸は1本どりで、指定の色で編みます。
1 底は輪の作り目をし、ベージュでメリヤス細編み（ホワイトを芯にして編みくるむ）で増しながら編みます。
2 続けて側面はメリヤス細編みの編込み模様で増減なく編み、24段めは引抜き編みで編みます。
3 持ち手を編み、側面につけます。

Point!
メリヤス細編みの編み方はp.30を参照してください。

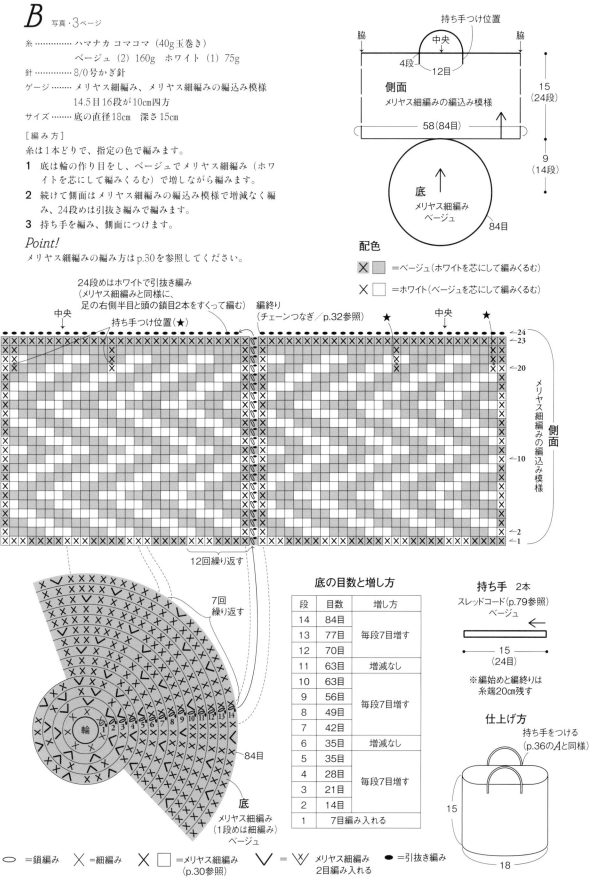

24段めはホワイトで引抜き編み
（メリヤス細編みと同様に、
足の右側半目と頭の鎖目2本をすくって編む）

編終り
（チェーンつなぎ／p.32参照）

中央

持ち手つけ位置（★）

12回繰り返す

7回繰り返す

84目

底
メリヤス細編み
（1段めは細編み）
ベージュ

持ち手つけ位置
中央
脇　脇
4段
12目
側面
メリヤス細編みの編込み模様
58（84目）
15（24段）
9（14段）

底
メリヤス細編み
ベージュ
84目

配色
☒ ▨ ＝ベージュ（ホワイトを芯にして編みくるむ）
☒ ☐ ＝ホワイト（ベージュを芯にして編みくるむ）

メリヤス細編みの編込み模様
側面

底の目数と増し方

段	目数	増し方
14	84目	毎段7目増す
13	77目	
12	70目	
11	63目	増減なし
10	63目	毎段7目増す
9	56目	
8	49目	
7	42目	
6	35目	増減なし
5	35目	毎段7目増す
4	28目	
3	21目	
2	14目	
1	7目編み入れる	

持ち手　2本
スレッドコード（p.79参照）
ベージュ
15
（24目）
※編始めと編終りは
糸端20cm残す

仕上げ方
持ち手をつける
（p.36のAと同様）
15
18

◯＝鎖編み　✕＝細編み　⊠＝メリヤス細編み（p.30参照）　∨ ＝ 🙼 メリヤス細編み2目編み入れる　●＝引抜き編み

A 写真・3ページ

糸 .... ハマナカ コマコマ（40g玉巻き）
　　　　　　 ホワイト（1）315g　ベージュ（2）170g
針 8/0号かぎ針
ゲージ .... メリヤス細編み　13目16段が10cm四方
サイズ .... 底の直径24cm　深さ25cm

［編み方］
糸は1本どりで、指定の色で編みます。
1　タッセルを16個作ります。
2　底は輪の作り目をし、メリヤス細編みで増しながら編みます。
3　続けて側面A、Bをメリヤス細編みで増減しながら編みますが、側面B
　　の19段めの指定の位置にはタッセルをつけながら編み、20段めは引抜
　　き編みを編みます。
4　持ち手を編み、側面につけます。

Point!
・メリヤス細編みの編み方はp.30を参照してください。
・タッセルは、糸のよりをほどいて広げ、ボリュームを出しましょう。

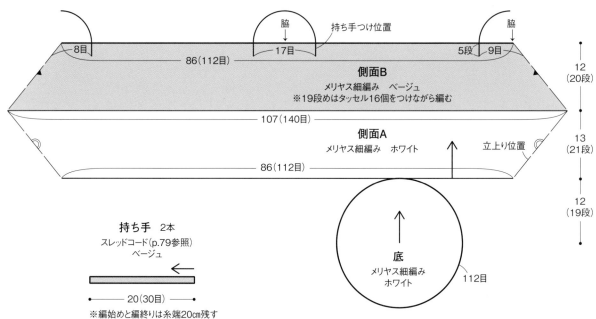

持ち手　2本
スレッドコード（p.79参照）
ベージュ

20（30目）
※編始めと編終りは糸端20cm残す

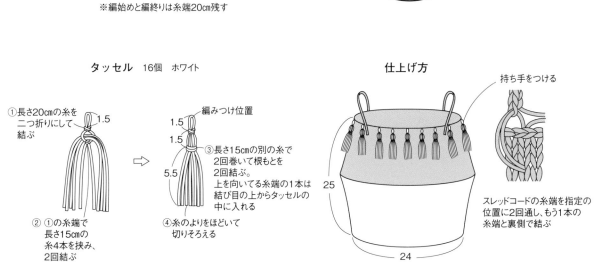

タッセル　16個　ホワイト

①長さ20cmの糸を
　二つ折りにして
　結ぶ　　　　　1.5

②①の糸端で
　長さ15cmの
　糸4本を挟み、
　2回結ぶ

編みつけ位置
　　　　　1.5
　　　　　1.5
③長さ15cmの別の糸で
　2回巻いて根もとを
　2回結ぶ。
5.5　上を向いてる糸端の1本は
　結び目の上からタッセルの
　中に入れる
④糸のよりをほどいて
　切りそろえる

仕上げ方

持ち手をつける

25

24

スレッドコードの糸端を指定の
位置に2回通し、もう1本の
糸端と裏側で結ぶ

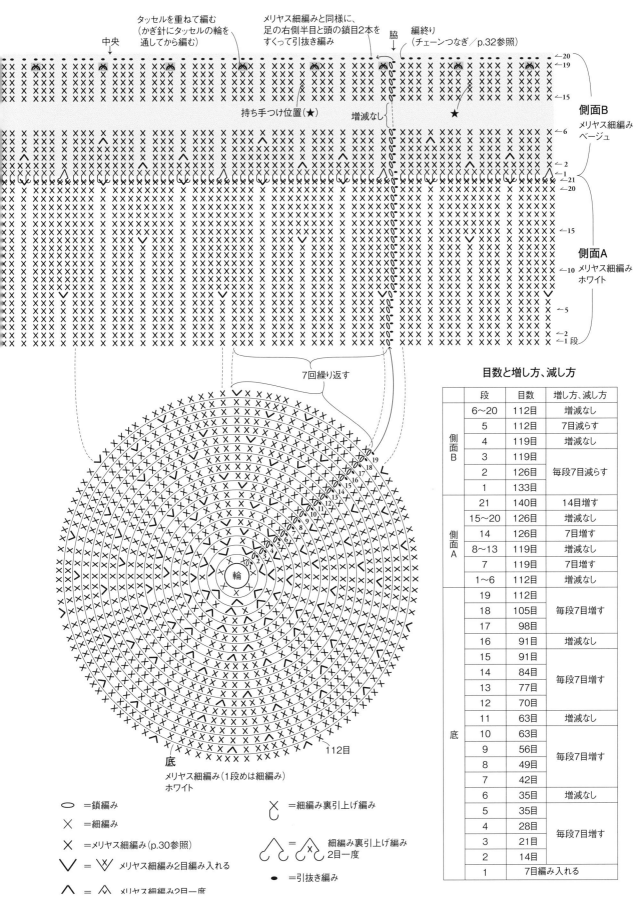

中央

タッセルを重ねて編む
(かぎ針にタッセルの輪を
通してから編む)

メリヤス細編みと同様に、
足の右側半目と頭の鎖目2本を
すくって引抜き編み

脇

編終り
(チェーンつなぎ／p.32参照)

持ち手つけ位置(★)　　増減なし　　★

側面B
メリヤス細編み
ベージュ

側面A
メリヤス細編み
ホワイト

7回繰り返す

底
メリヤス細編み(1段めは細編み)
ホワイト

112目

○ =鎖編み

× =細編み

X =メリヤス細編み(p.30参照)

V = メリヤス細編み2目編み入れる

∧ = メリヤス細編み2目一度

ʓ =細編み裏引上げ編み

= 細編み裏引上げ編み
2目一度

● =引抜き編み

目数と増し方、減し方

	段	目数	増し方、減し方
側面B	6〜20	112目	増減なし
	5	112目	7目減らす
	4	119目	増減なし
	3	119目	毎段7目減らす
	2	126目	
	1	133目	
側面A	21	140目	14目増す
	15〜20	126目	増減なし
	14	126目	7目増す
	8〜13	119目	増減なし
	7	119目	7目増す
	1〜6	112目	増減なし
底	19	112目	毎段7目増す
	18	105目	
	17	98目	
	16	91目	増減なし
	15	91目	毎段7目増す
	14	84目	
	13	77目	
	12	70目	
	11	63目	増減なし
	10	63目	毎段7目増す
	9	56目	
	8	49目	
	7	42目	
	6	35目	増減なし
	5	35目	毎段7目増す
	4	28目	
	3	21目	
	2	14目	
	1	7目編み入れる	

糸 ……………… ハマナカ アメリーエフ《合太》(30g玉巻き)
　　　　　　　オートミール (521) 55g
　　　　　　　ナチュラルホワイト (501) 15g
針 ……………… 4/0号かぎ針
ゲージ ……… 長編み　25目12段が10cm四方
サイズ ……… 図参照

[編み方]
糸は1本どりで、指定の色で編みます。
1 底は鎖編み29目を作り目し、長編みで増しながら輪に編みます。
2 続けて側面は模様編みA、B、長編みで増減なく輪に編みます。
3 ひもを編んで左右の脇から通し、ひも先にタッセルをつけます。

Point!
1段めは作り目の鎖を半目拾いながら編みます。作り目に長編み7目
編み入れるところは、鎖の半目に3目と4目で分けて入れると穴が大
きくあきません。

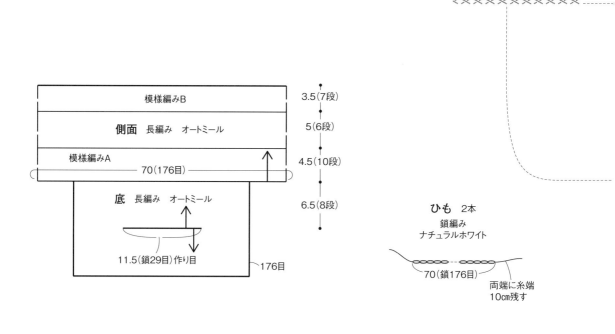

模様編みB　　　　　　　　　　　　　　　　3.5(7段)

側面　長編み　オートミール　　　　　　5(6段)

模様編みA　　　　　　　　　　　　　　　　4.5(10段)
　　　　　70(176目)

底　長編み　オートミール　　　　　　　6.5(8段)

11.5(鎖29目)作り目　　　　　　　　176目

ひも　2本
鎖編み
ナチュラルホワイト

70(鎖176目)
両端に糸端
10cm残す

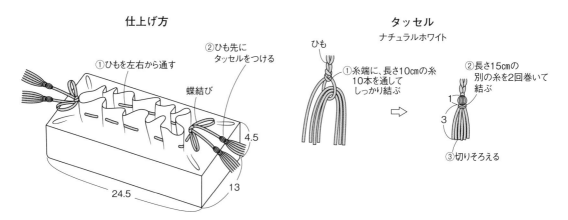

仕上げ方

①ひもを左右から通す
②ひも先に
タッセルをつける
蝶結び
4.5
24.5
13

タッセル
ナチュラルホワイト

ひも
①糸端に、長さ10cmの糸
10本を通して
しっかり結ぶ

②長さ15cmの
別の糸を2回巻いて
結ぶ
1
3
③切りそろえる

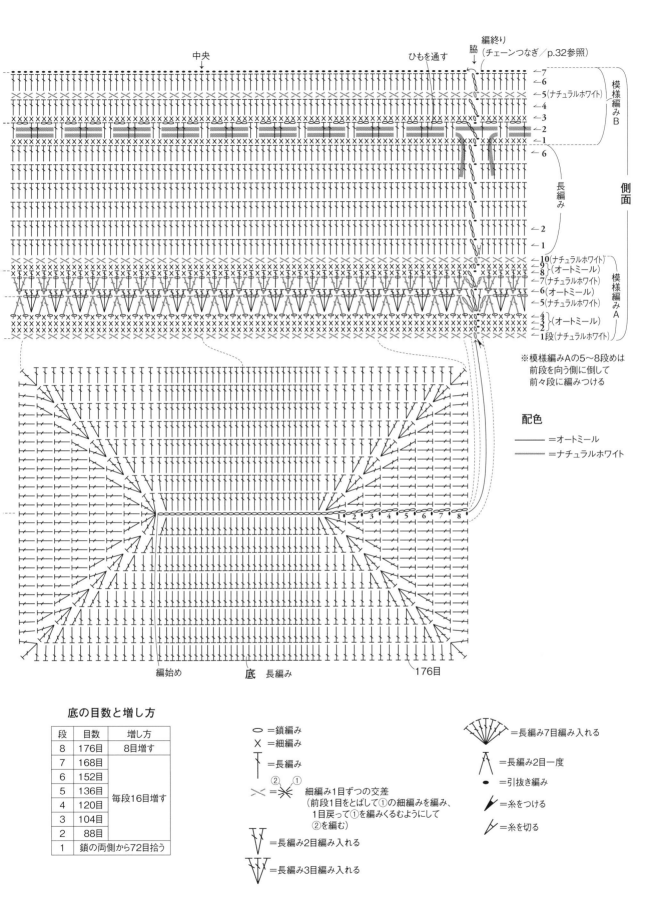

中央　　　　　　　　　　　　　　ひもを通す　　脇　編終り（チェーンつなぎ／p.32参照）

←7
←6
←5（ナチュラルホワイト）
←4
←3
←2
←1
←6
←2
←1
←10（ナチュラルホワイト）
←9
←8（オートミール）
←7（ナチュラルホワイト）
←6（オートミール）
←5（ナチュラルホワイト）
←4
←3（オートミール）
←2
←1段（ナチュラルホワイト）

模様編みB
長編み
側面
模様編みA

※模様編みAの5〜8段めは
前段を向う側に倒して
前々段に編みつける

配色
———＝オートミール
━━━＝ナチュラルホワイト

1　2　3　4　5　6　7　8

編始め　　　底　長編み　　　　　176目

底の目数と増し方

段	目数	増し方
8	176目	8目増す
7	168目	毎段16目増す
6	152目	
5	136目	
4	120目	
3	104目	
2	88目	
1	鎖の両側から72目拾う	

◯＝鎖編み
✕＝細編み
†＝長編み
✕＝細編み1目ずつの交差
（前段1目をとばして①の細編みを編み、
1目戻って①を編みくるむようにして
②を編む）

＝長編み2目編み入れる

＝長編み3目編み入れる

＝長編み7目編み入れる

＝長編み2目一度

●＝引抜き編み

＝糸をつける

＝糸を切る

E 写真・6ページ

糸 ‥‥‥‥‥‥ ハマナカ アメリー（40g玉巻き）
　　　　　　　ナチュラルホワイト（20）265g
　　　　　　　グレー（22）250g
針 ‥‥‥‥‥‥ 6/0号かぎ針
ゲージ ‥‥‥‥ 模様編みA〜C　20目15段が10cm四方
サイズ ‥‥‥‥ 103×77cm

［編み方］
糸は1本どりで、指定の色で編みます。

1　グレーで鎖編み198目を作り目し、編んでいないほうの糸を芯にして編みくるみながら、模様編みA〜Cを編みます。すべて、前段の目の手前の1本をすくって編みます。

2　続けて回りに細編み（編んでいないほうの糸を芯にして編みくるむ）を編みます。

Point!
1段めは作り目の鎖の裏山を拾って編みます。作り目がきついと拾いにくいので、少しゆるめに編みましょう。

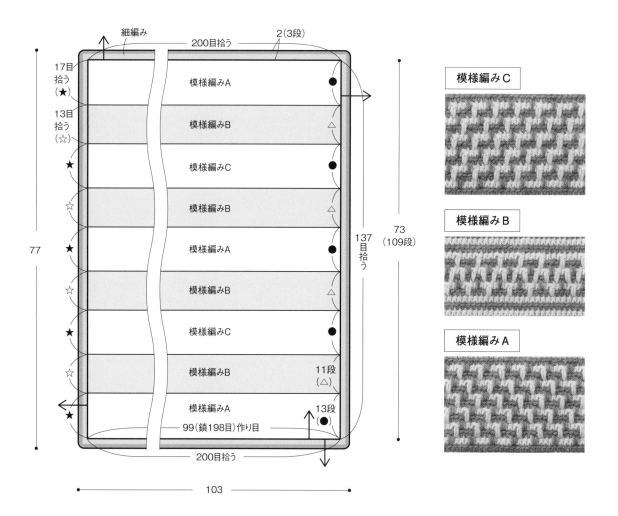

40

編終り（チェーンつなぎ／p.32参照）

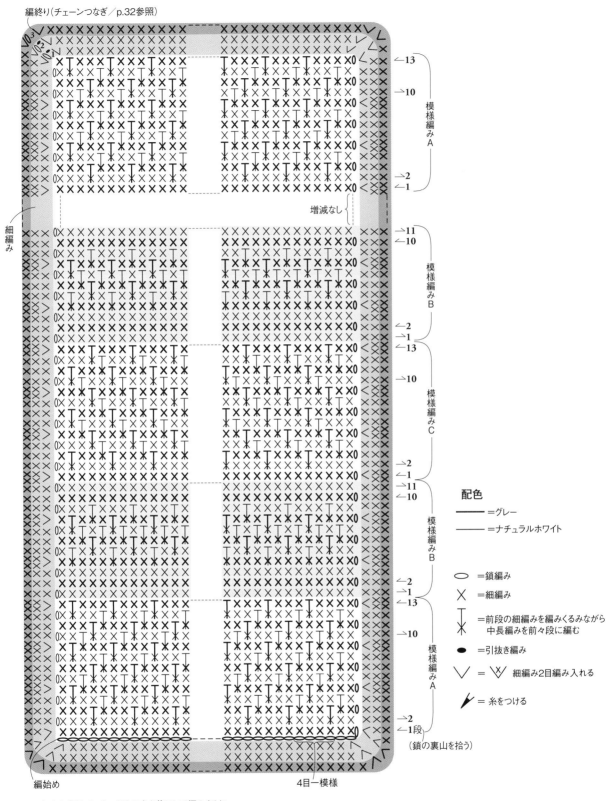

編始め

4目一模様

→13

→10

→2
→1

模様編みA

増減なし

←11
←10

←2
←1

模様編みB

←13

←10

←2
←1

模様編みC

←11
←10

←2
←1

模様編みB

←13

←10

←2
←1段

模様編みA

（鎖の裏山を拾う）

細編み

配色

―――＝グレー

―――＝ナチュラルホワイト

◯ ＝鎖編み

✕ ＝細編み

T ＝前段の細編みを編みくるみながら
　　中長編みを前々段に編む

● ＝引抜き編み

∨ ＝ ∨∨ 細編み2目編み入れる

✎ ＝糸をつける

※すべて、編んでいないほうの糸を芯にして編みくるむ

※模様編みA～Cは表側、裏側のどちらを見て
　編むときも、手前の1本をすくって編む（1段め以外）

41

F, G 写真・7ページ

糸 ············· ハマナカ アメリーエル《極太》（40g玉巻き）
　　　　　　　F ホワイト（101）355g　ブラック（110）75g
　　　　　　　G ホワイト（101）410g
針 ············· 10/0号かぎ針
ゲージ ········ F 細編みの編込み模様
　　　　　　　11.5目11段が10cm四方
　　　　　　　G 模様編みA、B
　　　　　　　11.5目8段が10cm四方
サイズ ········ 45×45cm

[編み方]
糸は1本どりで、Fは指定の色で編みます。

F
1　ホワイトで鎖編み118目を作り目し、ブラックを芯にして細編みを編み始めます。後ろ側、前側を細編みの編込み模様で編み、糸を切ります。
2　折り山から外表に折り、上下をそれぞれ引抜きはぎにします。

G
1　鎖編み117目を作り目し、後ろ側は模様編みA、前側は模様編みBで増減なく編み、糸を切ります。
2　折り山から外表に折り、上下をそれぞれ引抜きはぎにします。

Point!
・1段めは作り目の鎖の裏山を拾って編みます。作り目がきついと仕上げの引抜き編みが拾いにくいので、少しゆるめに編みましょう。
・Gの玉編みは、編み目が裏面に浮かび上がります。糸をたっぷり引き出して1目1目が重ならないように編むときれいに編めます。

配色
╳ □ =ホワイト（ブラックを芯にして編みくるむ）
╳ ▨ =ブラック（ホワイトを芯にして編みくるむ）

⬭ =鎖編み　　／ =糸をつける
╳ □ =細編み　　／ =糸を切る
● =引抜き編み

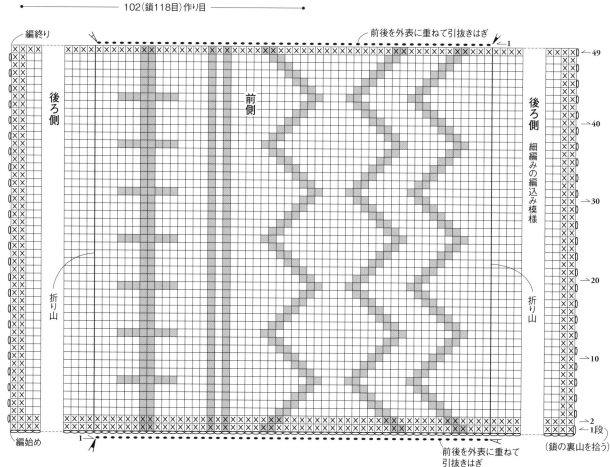

42

G

後ろ側
模様編みA

前側
模様編みB

後ろ側
模様編みA

折り山

折り山

28.5(33目)

45(51目)

28.5(33目)

45
(37段)

102(鎖117目)作り目

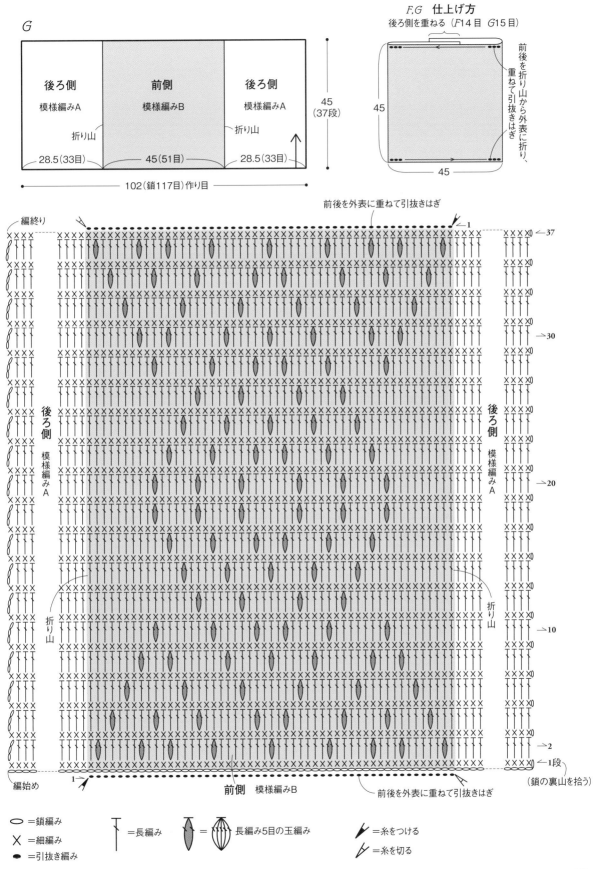

F.G 仕上げ方
後ろ側を重ねる（F14目 G15目）

45

45

前後を折り山から外表に折り、重ねて引抜きはぎ

編終り

前後を外表に重ねて引抜きはぎ

←1

←37

→30

後ろ側
模様編みA

→20

後ろ側
模様編みA

折り山

→10

折り山

→2

←1段
（鎖の裏山を拾う）

編始め

1→

前側　模様編みB

前後を外表に重ねて引抜きはぎ

○=鎖編み

✗=細編み

●=引抜き編み

┰=長編み

=長編み5目の玉編み

=糸をつける

=糸を切る

43

糸 ············ ハマナカ ルナモール（50g玉巻き）
　　　　　　ベージュ（1）80g
針 ············ 7/0号かぎ針
ゲージ ······· 細編み　14目が8cm、18段が10cm
サイズ ······· 足のサイズ24cm

[編み方]
糸は1本どりで編みます。
1 底は鎖編み6目を作り目し、細編みで増減しながら40段編み、続けて回りに縁編みを2段編み、糸を切ります。
2 甲側はかかと側から糸をつけ、細編みの筋編みを1段編み、糸を休めます（①）。
3 新しく糸をつけ、模様編みを7段編み、糸を切ります（②）。
4 休めていた糸で足入れ口に縁編みを2段編みます（③）。
5 同様にもう片方を編みます。

Point!
左右セットのものを編むときは、底を2枚編んでから甲を編むなど、2つを同時進行で編むとサイズを合わせやすいです。

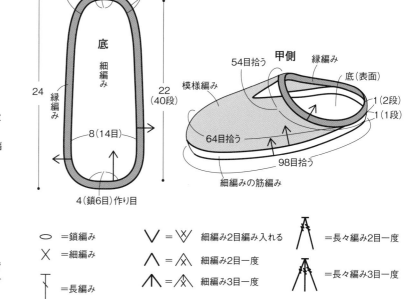

=鎖編み
×=細編み
|=長編み
⋉=細編みの筋編み
∨= 細編み2目編み入れる
∧= 細編み2目一度
△= 細編み3目一度
=長編み2目一度
=長々編み2目一度
=長々編み3目一度
=糸をつける
=糸を切る

底の編み方
※編み地の表側を表面にする

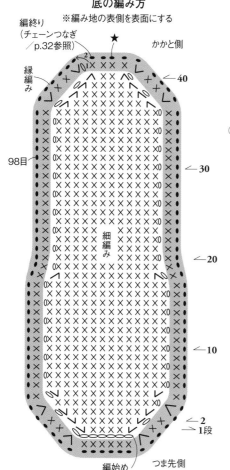

甲側の編み方
※①〜③の番号順に編む

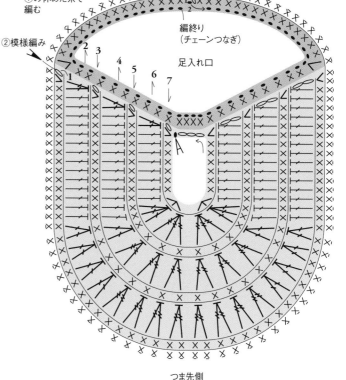

つま先側

I
写真・9ページ

糸 .... ハマナカ ルナモール（50g玉巻き）
　　　　　　ブラック（10）135g
　　　　　　ハマナカ モヘア（25g玉巻き）
　　　　　　ピンク（62）45g
針 7/0号かぎ針
その他 .... ハマナカ バッグ底板・丸（直径16cm／黒／
　　　　　　H204-628）1枚
ゲージ ...... 長編み（モヘア）　16.5目8.5段が10cm四方
　　　　　　細編み（ルナモール）　16目19段が10cm四方
サイズ ...... 底の直径17cm、深さ22cm

［編み方］
糸は指定の糸1本どりで編みます。
1 インバッグは輪の作り目をし、底は長編みで増しながら編み、側面と入れ口は長編みと細編みで編みます。
2 バスケットはバッグ底板の42穴に細編み88目を編み入れて輪にし、側面を細編みで往復に編みます。38段めはインバッグを重ねて編みつけます。
3 持ち手は鎖編み6目を作り目し、細編みで増減なく編み、側面にとじつけます。
4 ひもを鎖編みで編み、インバッグのひも通し穴に通し、2本一緒に結びます。

Point!
・ルナモールは伸縮性がある糸なので、編み地が伸びないよう、少しきつめに編みましょう。
・バスケットの格子を編む際の鎖の糸端は、次の段と一緒に編みくるむと糸処理が楽です。

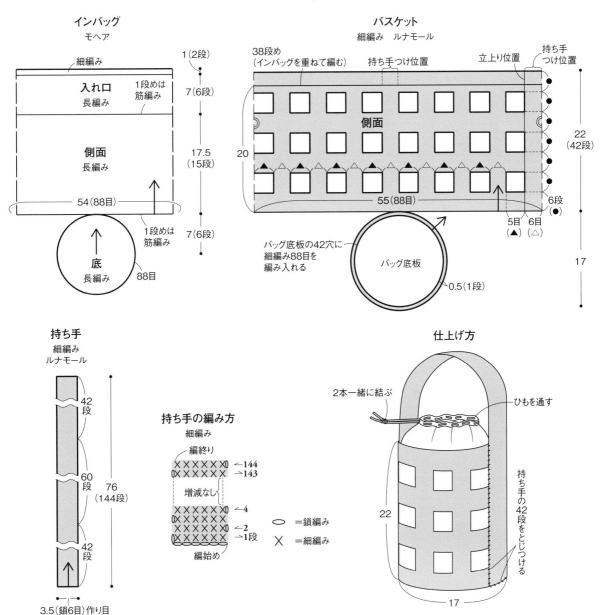

インバッグの編み方

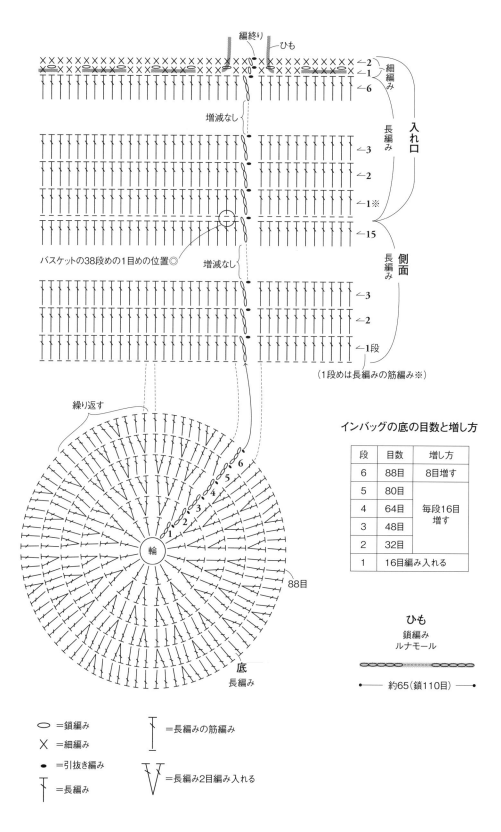

編終り　ひも

←2　細編み
←1
←6

増減なし

←3　長編み　入れ口

←2

←1※

←15

バスケットの38段めの1目めの位置◎

増減なし

←3　長編み　側面

←2

←1段

（1段めは長編みの筋編み※）

繰り返す

6
5
4
3
2
1

輪

底
長編み

88目

88目

インバッグの底の目数と増し方

段	目数	増し方
6	88目	8目増す
5	80目	毎段16目増す
4	64目	
3	48目	
2	32目	
1	16目編み入れる	

ひも
鎖編み
ルナモール

約65（鎖110目）

○ =鎖編み
X =細編み
• =引抜き編み
╀ =長編み

╥ =長編みの筋編み
V =長編み2目編み入れる

バスケットの編み方

38段めでインバッグを内側に入れて重ね、
インバッグ側面の15段めの残った筋1本を拾って
一緒に編む（インバッグの立上りの位置を3目ずらす）

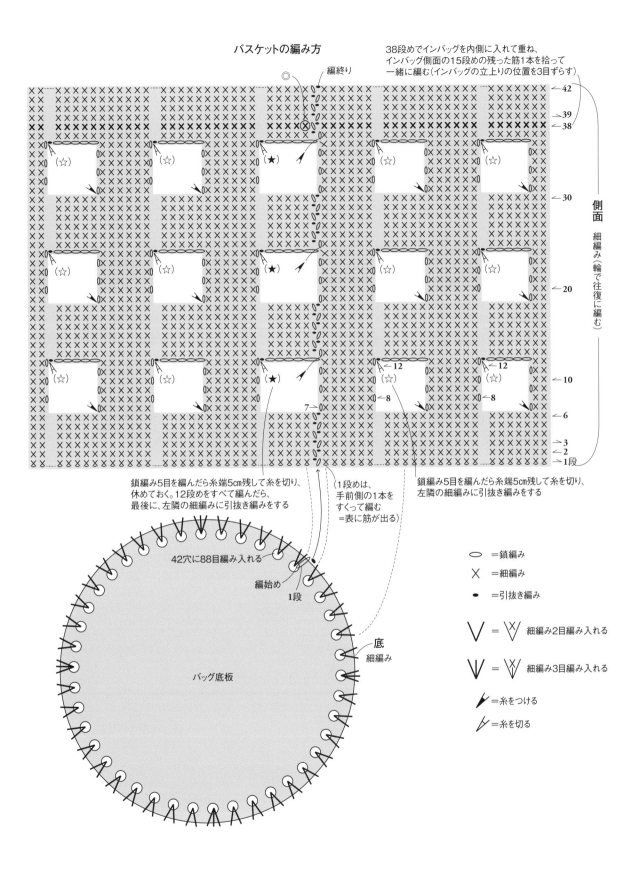

側面　細編み（輪で往復に編む）

編終り

鎖編み5目を編んだら糸端5㎝残して糸を切り、
休めておく。12段めをすべて編んだら、
最後に、左隣の細編みに引抜き編みをする

（1段めは、
手前側の1本を
すくって編む
＝表に筋が出る）

鎖編み5目を編んだら糸端5㎝残して糸を切り、
左隣の細編みに引抜き編みをする

42穴に88目編み入れる

編始め
1段

底
細編み

バッグ底板

○ ＝鎖編み

× ＝細編み

● ＝引抜き編み

V ＝細編み2目編み入れる

W ＝細編み3目編み入れる

↗ ＝糸をつける

↗ ＝糸を切る

47

J 写真・10ページ

糸 ············· ハマナカ アメリー（40g玉巻き）
　　　　　　レモンイエロー（25）105g
　　　　　　ハマナカ モヘア《カラフル》（25g玉巻き）
　　　　　　イエロー、グリーン系（221）65g
針 ············· 7/0号、8/0号かぎ針
その他 ········ ハマナカ 編みつける口金（24cm／アンティーク／
　　　　　　H207-020-4）1個
ゲージ ········ 細編み　17目が10cm、10段が5.5cm
　　　　　　模様編み　1模様が4.4cm、4段（1模様）が5cm
サイズ ········ 図参照

[編み方]

糸はアメリーとモヘア《カラフル》各1本の2本どりで、指定の針で編みます。

1 底は7/0号針で鎖編み31目を作り目し、細編みを増しながら輪で往復に編みます。

2 続けて側面は8/0号針で模様編みを輪で往復に編みます。

3 口金のカンをペンチではずします。入れ口は7/0号針で細編みを口金に編みつけますが、編む方向に注意して（側面の内側を見て編む）編みます。

Point!

口金のカンをはずさず、チェーンをつければショルダーバッグにすることもできます。

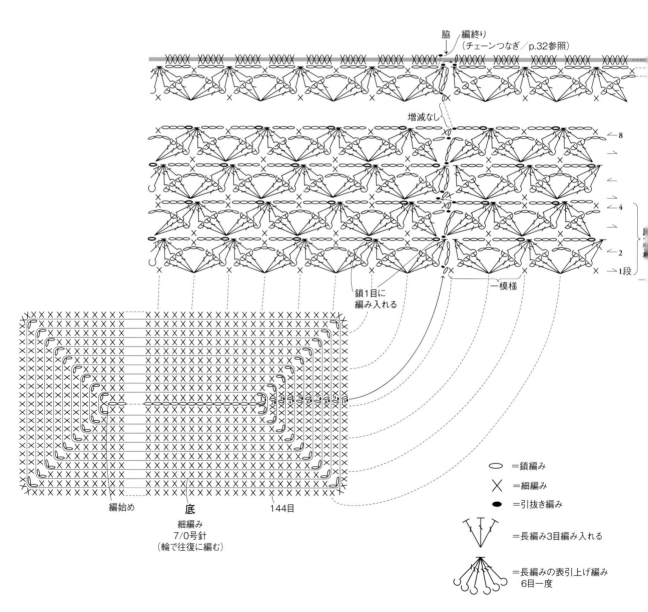

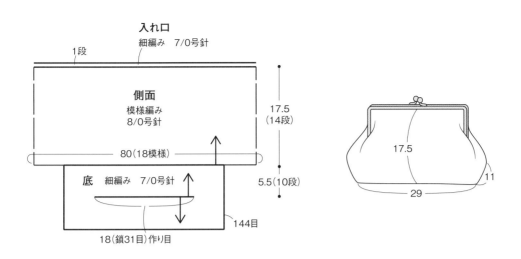

入れ口
細編み　7/0号針

1段

側面
模様編み
8/0号針

17.5
(14段)

80(18模様)

底　細編み　7/0号針

5.5(10段)

144目

18(鎖31目)作り目

17.5

29

11

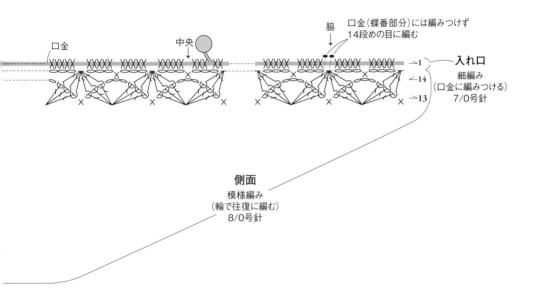

口金(蝶番部分)には編みつけず
14段めの目に編む

脇

口金

中央

入れ口
細編み
(口金に編みつける)
7/0号針

→1
→14
→13

側面
模様編み
(輪で往復に編む)
8/0号針

底の目数と増し方

段	目数	増し方
10	144目	
9	136目	
8	128目	
7	120目	
6	112目	毎段8目増す
5	104目	
4	96目	
3	88目	
2	80目	
1	鎖の両側から72目拾う	

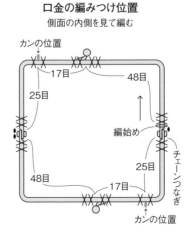

口金の編みつけ位置
側面の内側を見て編む

カンの位置

17目

48目

25目

編始め

48目

17目

25目

チェーンつなぎ

カンの位置

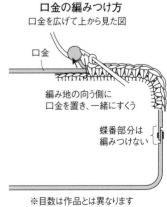

口金の編みつけ方
口金を広げて上から見た図

口金

編み地の向う側に
口金を置き、一緒にすくう

蝶番部分は
編みつけない

※目数は作品とは異なります

K

糸 ………… ハマナカ アメリー（40g玉巻き）
　　　　　　ダークネイビー（53）100g
針 ………… 5/0号かぎ針
その他 …… 茶系のファーテープ 約10cm
　　　　　　手縫い糸　手縫い針
ゲージ …… 模様編みA 12目が4.5cm、12.5段が10cm
　　　　　　模様編みB 23目12段が10cm四方
サイズ …… 頭回り52cm　深さ23.5cm

［編み方］
糸は1本どりで編みます。

1　鎖編み12目を作り目し、模様編みAで60段編みます。鎖1目を編み、編始めと編終りを中表にして引抜きはぎで輪にします。

2　続けて模様編みAの段から拾い目して模様編みBを全体で減らしながら編み、残った12目に糸を通して絞ります。

3　ファーポンポンはファーテープを縫い絞ってトップにつけます（p.31参照）。

Point!

・1段めは鎖の裏山を拾って編むので、作り目の鎖は少しゆるめに編みましょう。

・模様編みAのつなぎ方はp.54のプロセス写真を参照してください。

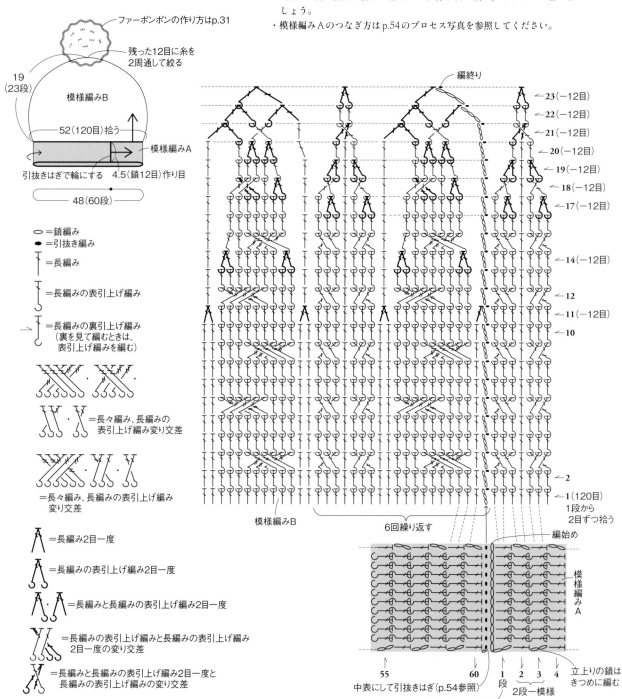

ファーポンポンの作り方はp.31
残った12目に糸を2周通して絞る
19（23段）
模様編みB
52（120目）拾う
模様編みA
引抜きはぎで輪にする　4.5（鎖12目）作り目
48（60段）

=鎖編み
=引抜き編み
=長編み
=長編みの表引上げ編み
=長編みの裏引上げ編み（裏を見て編むときは、表引上げ編みを編む）

=長々編み、長編みの表引上げ編み変り交差

=長々編み、長編みの表引上げ編み変り交差

=長編み2目一度
=長編みの表引上げ編み2目一度
=長編みと長編みの表引上げ編み2目一度
=長編みの表引上げ編みと長編みの表引上げ編み2目一度の変り交差
=長編みと長編みの表引上げ編み2目一度と長編みの表引上げ編みの変り交差

編終り
←23（−12目）
←22（−12目）
←21（−12目）
←20（−12目）
←19（−12目）
←18（−12目）
←17（−12目）
←14（−12目）
←12
←11（−12目）
←10
←2
←1（120目）1段から2目ずつ拾う

模様編みB
6回繰り返す
編始め
模様編みA
55　60　1段　2　3　4
中表にして引抜きはぎ（p.54参照）
（鎖の裏山を拾う）
2段一模様
立上りの鎖はきつめに編む

L 写真・15ページ

糸 ……………ハマナカ フラン（30g玉巻き）
　　　　　　ブラック（208）110g
　　　　　　ハマナカ アルコバレノ（25g玉巻き）
　　　　　　グレー系（108）95g
針 ……………10/0号かぎ針
ゲージ ……… 模様編み　12.5目9段が10cm四方
サイズ ……… 周囲67cm　丈32cm

[編み方]
糸はフランとアルコバレノ各1本の2本どりで編みます。
鎖編み84目を作り目して輪にし、模様編みで増減なく編みますが、最終段は長編みの表引き上げ編みで編みます。

Point!
・1段めは鎖の裏山を拾って編むので、作り目の鎖は少しゆるめに編みましょう。
・引上げ編みは、1段ごとの高さをそろえるように編むときれいに仕上がります。

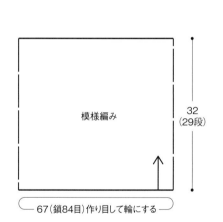

模様編み

32（29段）

67（鎖84目）作り目して輪にする

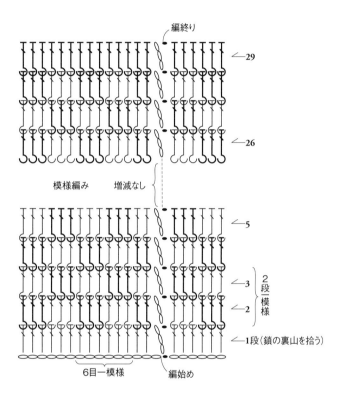

編終り
←29
←26
模様編み　増減なし
←5
←3
←2　} 2段1模様
←1段（鎖の裏山を拾う）

6目一模様　　編始め

◯ ＝鎖編み
● ＝引抜き編み
† ＝長編み

＝長編みの表引上げ編み
＝長編みの裏引上げ編み

51

M 写真・16ページ

糸 …………… ハマナカ ソノモノ ヘアリー（25g玉巻き）
　　　　　　　ライトグレー（124）50g
針 …………… 5/0号かぎ針
ゲージ ……… 細編みの変り畝編み　23目23段が10cm四方
サイズ ……… 頭回り49cm　深さ23cm

［編み方］
糸は1本どりで編みます。
1 鎖編み69目を作り目し、細編みの変り畝編みで往復に112段編みます。
2 編み地を中表にし、編始めと編終りを引抜きはぎで輪にします。
3 編み地を外表にし、トップは1段おきに糸を通して絞ります。
4 端を表側に折り返します。

Point!
・1段めは鎖の裏山を拾って編むので、作り目の鎖は少しゆるめに編みましょう。
・編始めと編終りのつなぎ方はp.54のプロセス写真を参照してください。

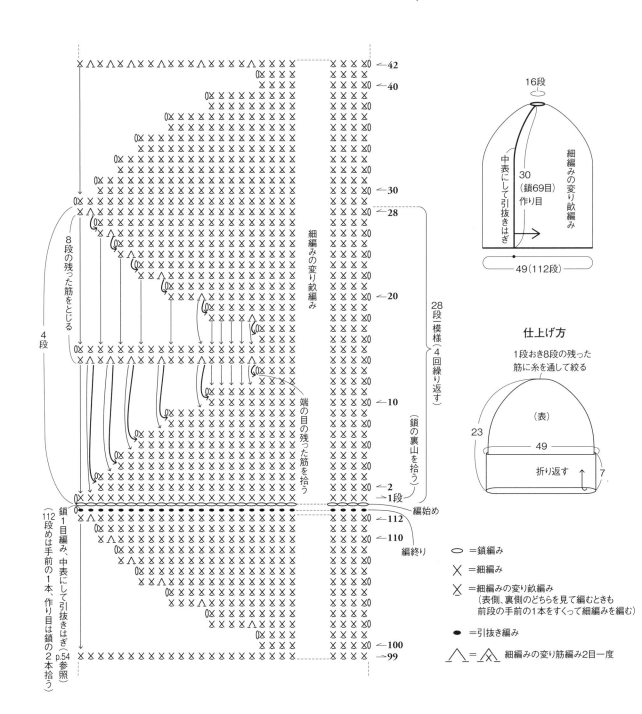

16段

中表にして引抜きはぎ
30（鎖69目）作り目
細編みの変り畝編み
49（112段）

仕上げ方
1段おき8段の残った筋に糸を通して絞る
（表）
23
49
折り返す
7

8段の残った筋をとじる
細編みの変り畝編み
28段1模様（4回繰り返す）
（鎖の裏山を拾う）
端の目の残った筋を拾う
鎖1目編み、中表にして引抜きはぎ（p.54参照）
（112段めは手前の1本、作り目は鎖の2本拾う）
編始め
編終り

←42
←40
←30
←28
←20
←10
←2
→1段
←112
←110
編終り
←100
→99

=鎖編み
=細編み
=細編みの変り畝編み
（表側、裏側のどちらを見て編むときも前段の手前の1本をすくって細編みを編む）
=引抜き編み
=細編みの変り筋編み2目一度

52

Q 写真・20ページ

糸 ············· ハマナカ ひふみスラブ（40g玉巻き）
　　　　　　　　オフホワイト（101）150g
針 ············· 8/0号かぎ針
その他 ······· 内径8mmのハトメ12組み
　　　　　　　　直径3mmの丸革ひも140cm
ゲージ ······· 模様編み、細編み　13.5目 14.5段が10cm四方
サイズ ······· 幅22cm　深さ19.5cm

［編み方］
糸は1本どりで編みます。

1　鎖編み60目を作り目して輪にし、前側は模様編み、後ろ側は細編み
　　で往復に編み、29段めでひも通し穴をあけながら32段編みます。
2　底を中表にして引抜きはぎにします。
3　ひも通し穴にハトメをつけ、ひもを通します。

Point!

・リング編みは、糸を指2本にたっぷりかけて引き出すとボリュームのあ
　るリングができます。
・ハトメのつけ方はp.31を参照してください。

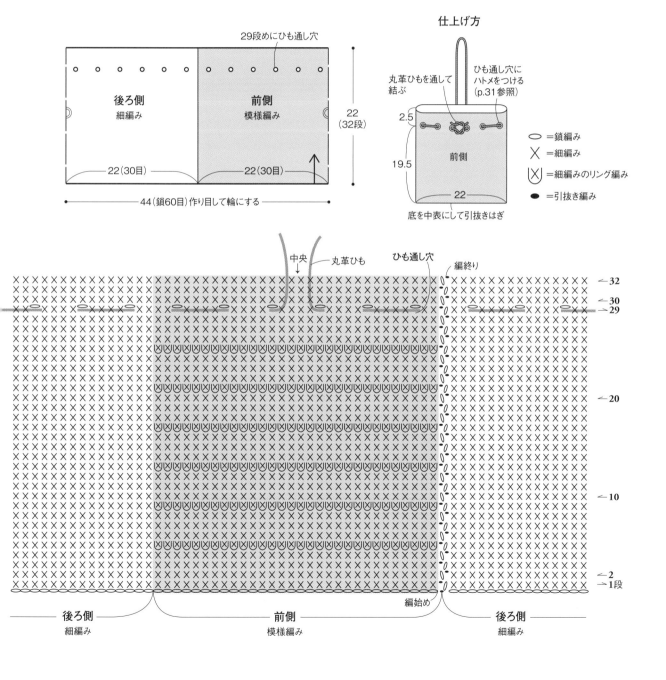

29段めにひも通し穴

後ろ側
細編み

前側
模様編み

22（32段）

22（30目）　　　22（30目）

44（鎖60目）作り目して輪にする

仕上げ方

丸革ひもを通して結ぶ　　ひも通し穴にハトメをつける（p.31参照）

2.5
19.5
前側
22

底を中表にして引抜きはぎ

○ ＝鎖編み
✕ ＝細編み
Ⅹ ＝細編みのリング編み
● ＝引抜き編み

中央　丸革ひも　ひも通し穴　編終り
←32
←30
←29
←20
←10
←2
→1段
編始め

後ろ側
細編み

前側
模様編み

後ろ側
細編み

N 写真・17ページ

糸 ············ ハマナカ ソノモノ ヘアリー(25g玉巻き)
　　　　　　ライトグレー（124）60g
針 ············ 5/0号、4/0号かぎ針
ゲージ ······· 模様編み　15目が5.5cm、23段が10cm
　　　　　　メリヤス細編み　24目30段が10cm四方
サイズ ······· てのひら回り20cm　長さ23.5cm

[編み方]

糸は1本どりで、指定の針で編みます。

1　手首は4/0号針で鎖編み15目を作り目し、模様編みで増減なく往復に34段編み、中表にして編始めと編終りを引抜きはぎで輪にします。編み地を表に返します。

2　5/0号針に替え、糸を続けて、模様編みの段から拾い目して細編みで輪に1段編み、続けてメリヤス細編みで18段めまで編み、糸を休めます。

3　親指穴の位置に糸をつけ、鎖編み8目を編んで引抜き編みでとめます。

4　休めていた糸で続けてメリヤス細編みで42段めまで編み、減らしながら13段編み、残った11目に糸を通して絞ります。

5　親指は5/0号針で18目拾い目してメリヤス細編みで輪に編み、残った7目に糸を通して絞ります。

6　もう片方は親指穴の位置を変えて、同様に編みます。

Point!

・メリヤス細編みの編み方はp.30を参照してください。

・左右セットのもの編むときは、2つを同時進行で編むとサイズを合わせやすいです。

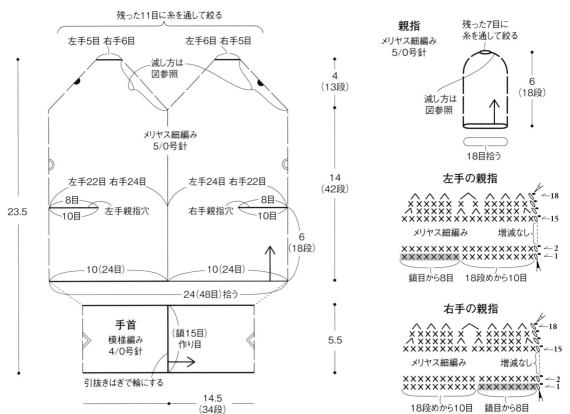

引抜き編みではぐ方法

1　最終段を編んだら、続けて鎖を1目編む。

2　編み地を中表にして編始めと編終りを合わせる。端の目の最終段の頭と作り目の鎖2本に針を入れ、糸をかけて引き抜く。

3　次の目からも、最終段の頭と作り目の鎖2本に針を入れ、1目ずつ引き抜いていく。

4　3を繰り返して端まではぐ。

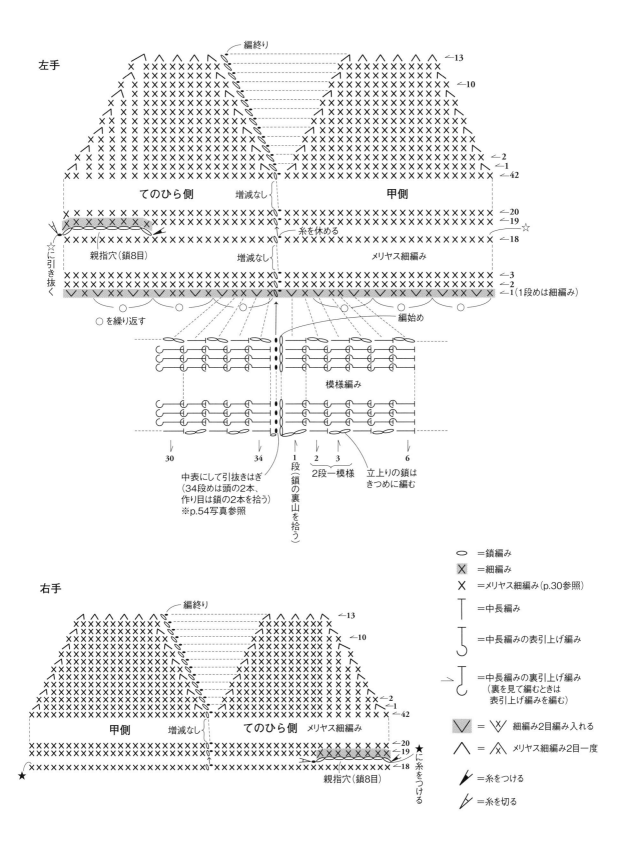

左手

編終り

←13

←10

←2
←1
←42

てのひら側　増減なし　甲側

←20
←19 ☆
☆に引き抜く　糸を休める　←18

親指穴（鎖8目）　増減なし　メリヤス細編み

←3
←2
←1（1段めは細編み）

○を繰り返す　編始め

模様編み

30　34　1段（鎖の裏山を拾う）　2　3　6

中表にして引抜きはぎ　2段一模様
（34段めは頭の2本、　立上りの鎖は
作り目は鎖の2本を拾う）　きつめに編む
※p.54写真参照

右手

編終り

←13

←10

←2
←1
←42

甲側　増減なし　てのひら側　メリヤス細編み

←20
←19
★に糸をつける　←18

★　親指穴（鎖8目）

○ =鎖編み

X =細編み

X =メリヤス細編み（p.30参照）

┬ =中長編み

=中長編みの表引き上げ編み

=中長編みの裏引き上げ編み
（裏を見て編むときは
表引き上げ編みを編む）

∨ = ∨ 細編み2目編み入れる

∧ = ∧ メリヤス細編み2目一度

=糸をつける

=糸を切る

55

O, P 写真・18ページ

糸 ‥‥‥‥‥‥‥
ハマナカ エクシードウール FL《合太》（40g玉巻き）
O モカ （203）60g ホワイト（201）55g
P ブラック（230）90g ベージュ（231）65g
ハマナカ モヘア（25g玉巻き）
O ベージュ（90）40g P ブラウン（105）15g
針 ‥‥‥‥‥‥ 4/0号かぎ針
ゲージ ‥‥‥‥ メリヤス細編み、メリヤス細編みの編込み模様
　　　　　　26目25段が10cm四方
サイズ ‥‥‥‥ 幅20cm　深さ22cm　まち7cm

［編み方］
糸は1本どりで、指定の糸で編みます。

1 底は指定の糸で鎖編み34目を作り目し、同色の糸を芯に
して編みくるみながらメリヤス細編みで増しながら輪に
編みます。

2 続けて側面とまちも、指定の糸を芯にして編みくるみな
がらメリヤス細編みの編込み模様で増減なく編みます。

3 側面とまちの角の3目を外表に折って引抜き編みを編
み、入れ口からもう一辺に続けて編みます。

4 持ち手を編み、突合せにしてかがり、側面にとじつけま
す。

Point!

・メリヤス細編みの編み方はp.30を参照してください。

・底、側面とまち、持ち手を編んだらそれぞれスチームアイ
ロンをかけて編み地を整えましょう。底板（PPシートなど）
を入れるとかっちりときれいに仕上がります。

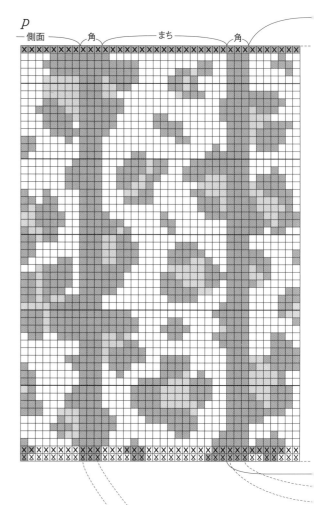

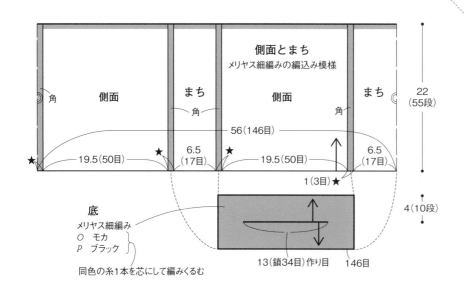

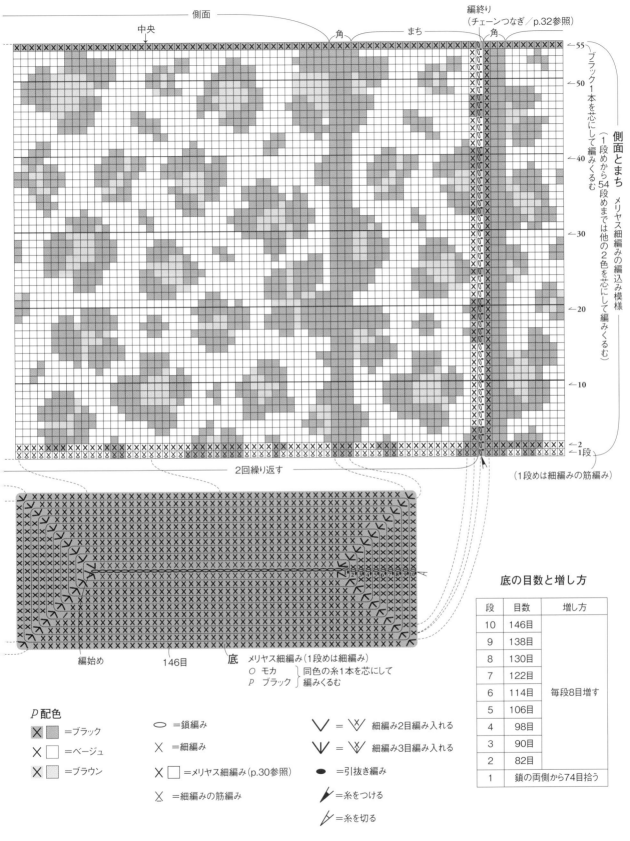

側面

中央

角

まち

編終り
（チェーンつなぎ／p.32参照）

角

←55

←50

←40

←30

←20

←10

←2
←1段

側面とまち メリヤス細編みの編込み模様

（1段めから54段めまでは他の2色を芯にして編みくるむ）

ブラック1本を芯にして編みくるむ

2回繰り返す

（1段めは細編みの筋編み）

編始め　　　146目　　　底

メリヤス細編み（1段めは細編み）

O　モカ　　同色の糸1本を芯にして
P　ブラック　編みくるむ

底の目数と増し方

段	目数	増し方
10	146目	
9	138目	
8	130目	
7	122目	
6	114目	毎段8目増す
5	106目	
4	98目	
3	90目	
2	82目	
1	鎖の両側から74目拾う	

P 配色

✕ ▨ ＝ブラック

✕ □ ＝ベージュ

✕ ▨ ＝ブラウン

◯ ＝鎖編み

✕ ＝細編み

✕ □ ＝メリヤス細編み（p.30参照）

✕ ＝細編みの筋編み

∨ ＝ ∀ 細編み2目編み入れる

∨ ＝ ∀ 細編み3目編み入れる

● ＝引抜き編み

⟋ ＝糸をつける

⟋ ＝糸を切る

次ページへ続く

O

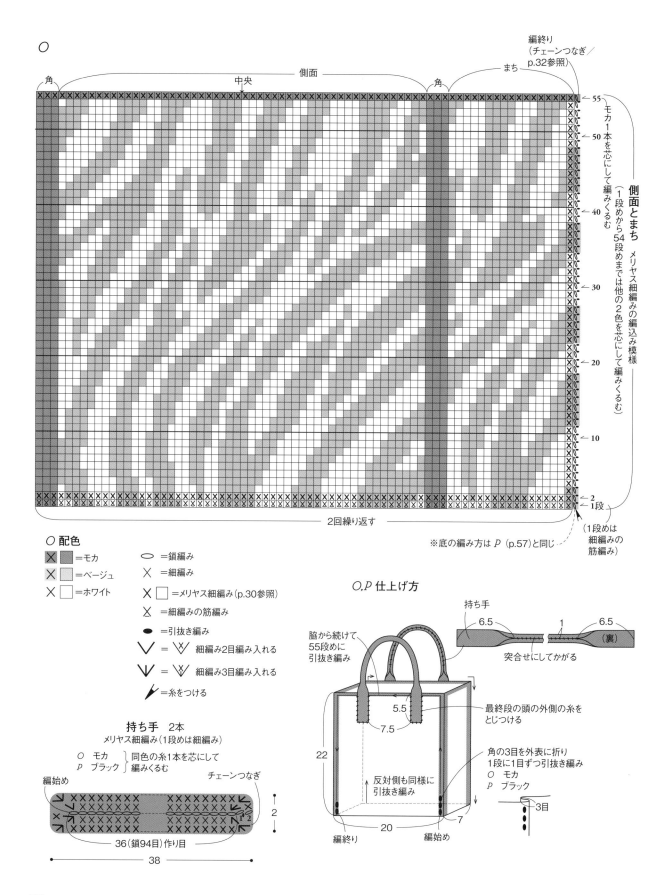

側面 / 中央 / 角 / まち

編終り（チェーンつなぎ／p.32参照）

55 50 40 30 20 10 2 1段

モカ1本を芯にして編みくるむ

側面とまち　メリヤス細編みの編込み模様（1段めから54段めまでは他の2色を芯にして編みくるむ）

2回繰り返す

※底の編み方はP（p.57）と同じ

（1段めは細編みの筋編み）

O 配色

× =モカ
× =ベージュ
× =ホワイト

○ =鎖編み
× =細編み
×□ =メリヤス細編み（p.30参照）
× =細編みの筋編み
● =引抜き編み
V = 細編み2目編み入れる
V = 細編み3目編み入れる
/ =糸をつける

持ち手　2本
メリヤス細編み（1段めは細編み）
O モカ
P ブラック ｝同色の糸1本を芯にして編みくるむ

編始め
チェーンつなぎ
36（鎖94目）作り目
38
2

O,P 仕上げ方

持ち手
6.5　1　6.5
（裏）
突合せにしてかがる

脇から続けて55段めに引抜き編み
5.5
7.5
最終段の頭の外側の糸をとじつける
22
角の3目を外表に折り1段に1目ずつ引抜き編み
O モカ
P ブラック
反対側も同様に引抜き編み
20　7
編終り　編始め
3目

u 写真・24ページ

糸 .... ハマナカ ソノモノ アルパカブークレ
（40g玉巻き）
オフホワイト（151）90g
針 8/0号かぎ針
その他 .... INAZUMAバッグ持ち手（ベッコウ／BR-1290）
1組み
ゲージ .... 細編み　12目が8cm、17段が10cm
模様編み　15.5目12段が10cm四方
サイズ .... 底幅27cm　深さ15.5cm

［編み方］
糸は1本どりで編みます。

1　入れ口と側面を続けて鎖編み80目を作り目し、入れ口は細編み、側面は模様編みで増減なく32段編みます。

2　側面は底から中表に折り、脇をあき止りまで引抜きはぎにします。

3　編み地を外表にし、入れ口で持ち手をくるみ、表側から引き抜いてとじます。

Point!
長編みの足をしっかり引き出して編むと、ぽこぽこした編み地になります。

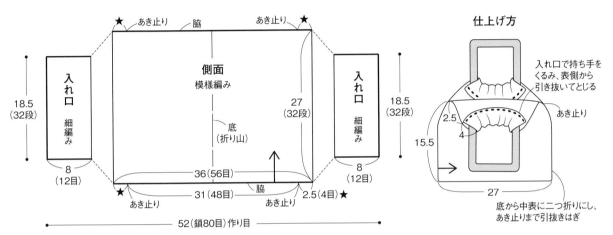

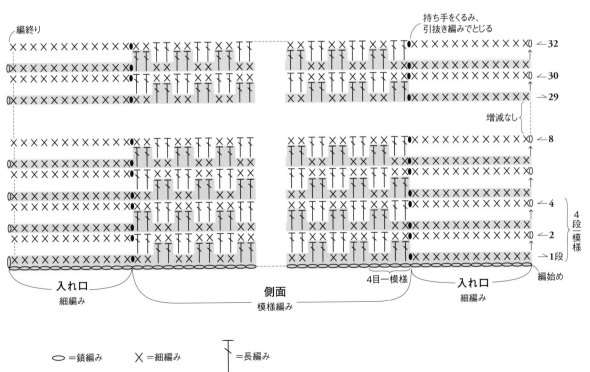

◯＝鎖編み　　✕＝細編み　　丅＝長編み

59

R 写真・21ページ

糸 ………… ハマナカ エコアンダリヤ（40g玉巻き）
　　　　　　オフホワイト（168）120g
　　　　　　ハマナカ モヘア（25g玉巻き）
　　　　　　ベージュ（90）60g
針 ………… 5/0号かぎ針
ゲージ ……… 細編み、細編みの編込み模様
　　　　　　22目19段が10cm四方
サイズ ……… 幅30cm　深さ23.5cm

[編み方]
底と側面、持ち手はエコアンダリヤは糸1本どり、モヘアは糸2本どりで、作り目の鎖以外は編んでいないほうの糸を芯にして編みます。ひもとひもどめはエコアンダリヤ1本どりで編みます。

1　底はエコアンダリヤで鎖編み20目を作り目し、モヘア2本を芯にして細編みで増しながら編みます。
2　続けて側面は細編みの編込み模様で編みます。
3　入れ口はモヘア2本を芯にしてエコアンダリヤで編みます。3段めでひも通し穴をあけながら編みます。
4　持ち手を編んで、入れ口にとじつけます。
5　ひもをスレッドコードで編んでひも通し穴に通します。
6　ひもどめを編んでひもをはさんでとじ、ひも先をひと結びします。

Point!
・編込み模様の配色糸の替え方は、p.30を参照してください。
・各パーツを編んだら、それぞれスチームアイロンをかけて編み地を整えてから仕上げましょう。

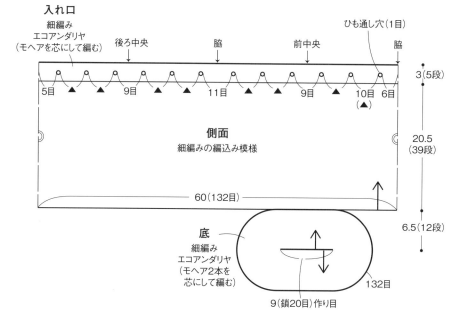

仕上げ方

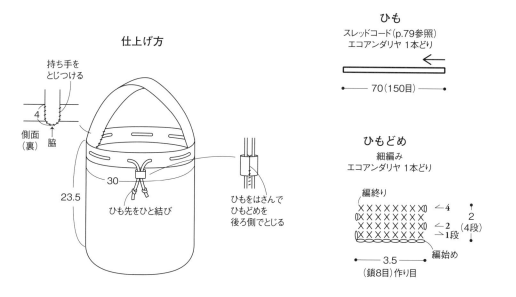

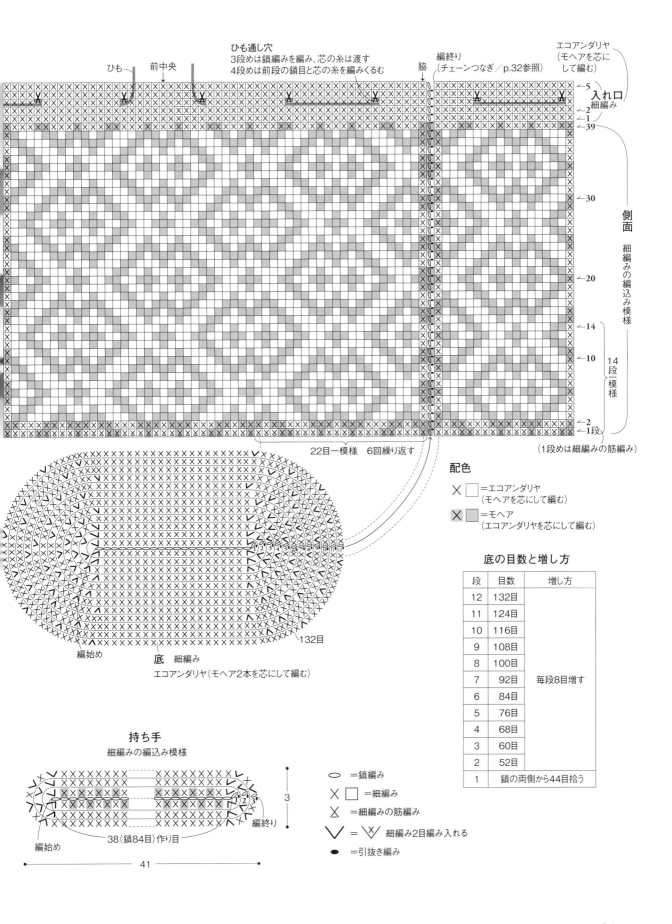

ひも通し穴
3段めは鎖編みを編み、芯の糸は渡す
4段めは前段の鎖目と芯の糸を編みくるむ

ひも　前中央

編終り
（チェーンつなぎ／p.32参照）

エコアンダリヤ
（モヘアを芯にして編む）

脇

入れ口
細編み
←5
←2
←1
←39

←30

←20

←14
←10

←2
←1段

側面
細編みの編込み模様

14
段
模
様

（1段めは細編みの筋編み）

22目一模様　6回繰り返す

配色

× □ ＝エコアンダリヤ
（モヘアを芯にして編む）

× ▨ ＝モヘア
（エコアンダリヤを芯にして編む）

底　細編み
エコアンダリヤ（モヘア2本を芯にして編む）

編始め　　　　　　　132目

底の目数と増し方

段	目数	増し方
12	132目	
11	124目	
10	116目	
9	108目	
8	100目	
7	92目	毎段8目増す
6	84目	
5	76目	
4	68目	
3	60目	
2	52目	
1	鎖の両側から44目拾う	

持ち手
細編みの編込み模様

編始め　　38（鎖84目）作り目　　編終り

3

41

○ ＝鎖編み

× □ ＝細編み

× ＝細編みの筋編み

∨ ＝ 細編み2目編み入れる

● ＝引抜き編み

61

糸 ············· ハマナカ アメリー（40g玉巻き）

　　　　　　 シナモン（50）105g　ピュアブラック（52）75g　ベージュ（21）35g

針 ············· 5/0号かぎ針

その他 ········ INAZUMAレザー持ち手（ブラック／YAK-480G）1組み

　　　　　　 裏布用コットン地（黒）73×40cm　手縫い糸　手縫い針

ゲージ ········ 細編みの筋編み、細編みの筋編みの編込み模様　23目16段が10cm四方

サイズ ········ 幅28cm　深さ31cm　まち10cm

［編み方］

糸は1本どりで、指定の色で編みます。

1 底はシナモンで鎖編み43目を作り目し、ベージュとピュアブラックを芯にして編みくるみながら、細編みの筋編みで増しながら輪に編みます。

2 続けて側面も芯の糸をくるみながら細編みの筋編みの編込み模様で増減なく編みます。

3 裏布を縫い、内側に入れて入れ口にまつります。

4 持ち手は内側に裏当てを当てながら縫いつけます。

Point!

・1段めは作り目の鎖を半目拾いながら編みます。作り目に長編み7目編み入れるところは、鎖の半目に3目と4目で分けて入れると穴が大きくあきません。

・裏布は、少し張りがあるほうがきれいに仕上がります。裏布のサイズは、編上りの寸法に合わせて調整してください。裏布をつける前に底板（PPシートなど）を入れると、形がきれいに整います。

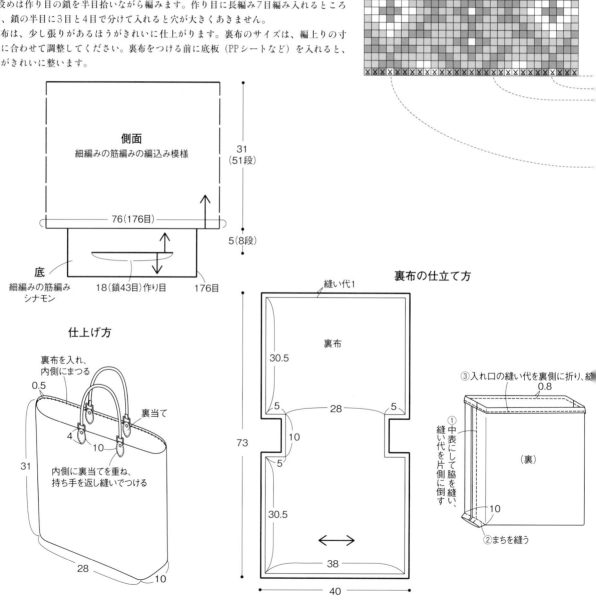

脇

側面
細編みの筋編みの編込み模様

31（51段）

76（176目）

5（8段）

底
細編みの筋編み
シナモン

18（鎖43目）作り目　　176目

仕上げ方

裏布を入れ、
内側にまつる

0.5

裏当て

4
10

内側に裏当てを重ね、
持ち手を返し縫いでつける

31

28

10

裏布の仕立て方

縫い代1

裏布

30.5

5　　28　　5

10

73

5

30.5

38

40

③入れ口の縫い代を裏側に折り、縫
0.8

①中表にして脇を縫い、縫い代を片側に倒す

（裏）

②まちを縫う

10

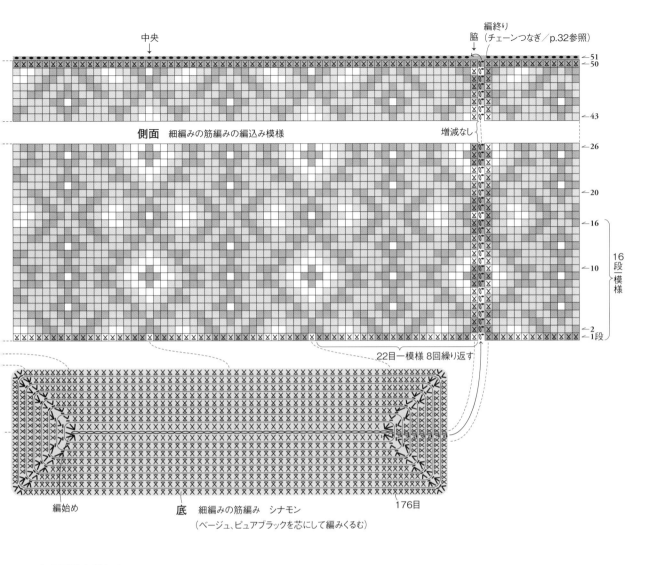

側面 細編みの筋編みの編込み模様

中央

脇

編終り（チェーンつなぎ／p.32参照）

増減なし

16段1模様

22目一模様 8回繰り返す

編始め

底 細編みの筋編み シナモン
（ベージュ、ピュアブラックを芯にして編みくるむ）

176目

底の目数と増し方

段	目数	増し方
8	176目	8目増す
7	168目	16目増す
6	152目	8目増す
5	144目	16目増す
4	128目	8目増す
3	120目	16目増す
2	104目	8目増す
1	鎖の両側から96目拾う	

配色

✕ =シナモン（ベージュ、ピュアブラックを芯にして編みくるむ）

✕ =ベージュ（ピュアブラック、シナモンを芯にして編みくるむ）

✕ =ピュアブラック（シナモン、ベージュを芯にして編みくるむ）

◯ =鎖編み

✕ =細編み

✕ =細編みの筋編み

⋎ = 細編み3目編み入れる

⋁ =細編み4目編み入れる

⋎ = 細編みの筋編み2目編み入れる

⋁ = 細編みの筋編み3目編み入れる

● =引抜き編み

I 写真・23ページ

糸 ………… ハマナカ アメリー（40g玉巻き）
　　　　　　ベージュ（21）25g　シナモン（50）20g
　　　　　　ピュアブラック（52）10g
針 ………… 5/0号かぎ針
その他 …… 長さ18cmのファスナー（ブラウン）
　　　　　　裏布用コットン地（黒）30×21cm
　　　　　　手縫い糸　手縫い針
ゲージ …… 細編みの筋編み、細編みの筋編みの編込み模様
　　　　　　23目17段が10cm四方
サイズ …… 幅19cm　深さ13.5cm　まち2cm

［編み方］

糸は1本どりで、指定の色で編みます。

1　底はベージュで鎖編み35目を作り目し、ピュアブラックとシナモン
　　を芯にして編みくるみながら細編みの筋編みを輪に編みます。
2　続けて側面も芯の糸を編みくるみながら細編みの筋編みの編込み模様
　　で増減なく編みます。
3　入れ口にファスナーを縫いつけます。
4　裏布を縫い、内側に入れてファスナーに重ねてまつります。
5　タッセルを作り、ファスナーにつけます。

Point!

・1段めは作り目の鎖を半目拾いながら編みます。作り目に長編み7目編
　み入れるところは、鎖の半目に3目と4目で分けて入れると穴が大きく
　あきません。
・裏布は、少し張りがあるほうがきれいに仕上がります。裏布のサイズ
　は、編上りの寸法に合わせて調整してください。

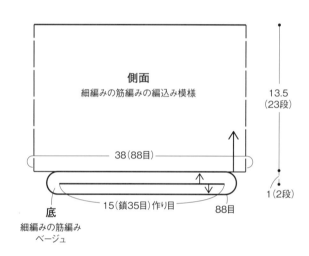

側面
細編みの筋編みの編込み模様

13.5
（23段）

38（88目）

1（2段）

底
細編みの筋編み
ベージュ

15（鎖35目）作り目

88目

タッセル

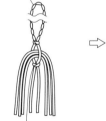

①ブラックで鎖20目（8.5cm）を編み、
　編始め、編終りを15cm残し、
　鎖の根もとでひと結びする

③長さ15cmの
　別の糸（ブラック）で
　3回巻いて2回結ぶ。
　糸端の1本は
　中に入れる

④切りそろえる

②①の糸端で
　長さ16cmの糸3色
　各10本を挟み、2回結ぶ

仕上げ方

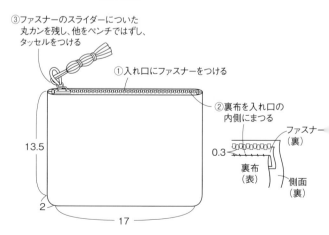

③ファスナーのスライダーについた
　丸カンを残し、他をペンチではずし、
　タッセルをつける

①入れ口にファスナーをつける

②裏布を入れ口の
　内側にまつる

13.5

2

17

0.3

ファスナー
（裏）

裏布
（表）

側面
（裏）

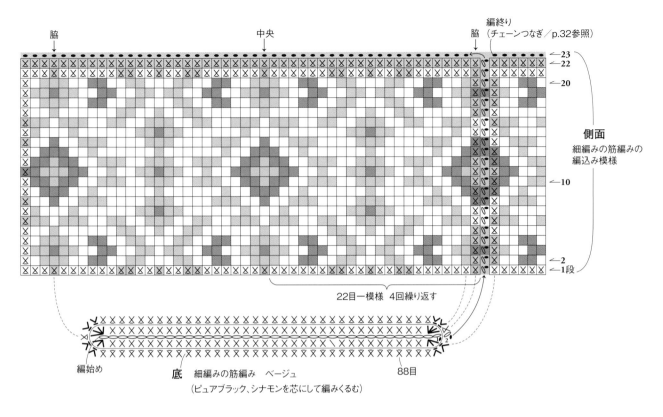

脇　　　　　　　　　　　　　　　中央　　　　　　　　　　　　脇　編終り（チェーンつなぎ／p.32参照）

←23
←22
←20

側面
細編みの筋編みの
編込み模様

←10

←2
←1段

22目一模様　4回繰り返す

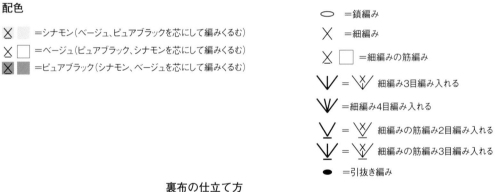

編始め　　　底　細編みの筋編み　ベージュ　　　　　　　　　　　88目
（ピュアブラック、シナモンを芯にして編みくるむ）

配色

✕ ▨	=シナモン（ベージュ、ピュアブラックを芯にして編みくるむ）	
✕ □	=ベージュ（ピュアブラック、シナモンを芯にして編みくるむ）	
✕ ▨	=ピュアブラック（シナモン、ベージュを芯にして編みくるむ）	

○ =鎖編み

✕ =細編み

✕ □ =細編みの筋編み

∨ = ∨ 細編み3目編み入れる

∧ =細編み4目編み入れる

∨ = ∨ 細編みの筋編み2目編み入れる

∧ = ∨ 細編みの筋編み3目編み入れる

● =引抜き編み

裏布の仕立て方

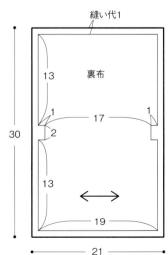

縫い代1

裏布

13

1　　　1
17
2
13

19

30

21

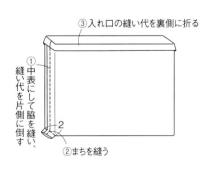

③入れ口の縫い代を裏側に折る

①中表にして脇を縫い、縫い代を片側に倒す

②まちを縫う
2

糸 ………… ハマナカ エコアンダリヤ (40g玉巻き)
レトログリーン (68) 105g
ハマナカ モヘア (25g玉巻き)
グリーン (101) 50g
針 ………… 7/0号かぎ針
その他 ……… ハマナカ カシメ式マグネット付丸型ホック
(14mm／金／H206-047-1) 1組み
INAZUMA ナスカン付チェーン
(ゴールド／BK-128) 1本
ゲージ ……… 細編み　16.5目18段が10cm四方
サイズ ……… 幅19cm　深さ17cm　まち8cm

[編み方]

糸はエコアンダリヤとモヘア各1本の2本どりで編みます。

1　本体、フラップは鎖編みで作り目し、細編みで編みます。
2　本体を中表にしてまちの22目ずつを引抜きはぎにし、他の合い印どうし
　　も引抜きはぎにします。
3　外表にして持ち手どうしを巻きかがりでつなぎ、二つ折りにして入れ口
　　側に引き抜き編みを編みます。
4　本体、フラップにホックをつけます。
5　フラップを後ろ側面につけます。
6　持ち手にチェーンを通します。

Point!

・本体が編み上がったら、スチームアイロンをかけて編み地を整えてから、
　引抜きはぎをしましょう。
・チェーンのナスカンの位置で長さを変えられます。ナスカンどうしをつな
　げて短くしてもokです。

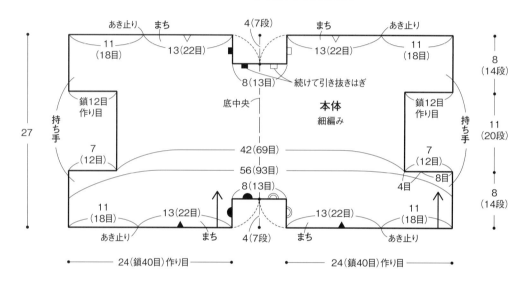

仕上げ方　　　　　　　　　　　　　　　　ホックのつけ方

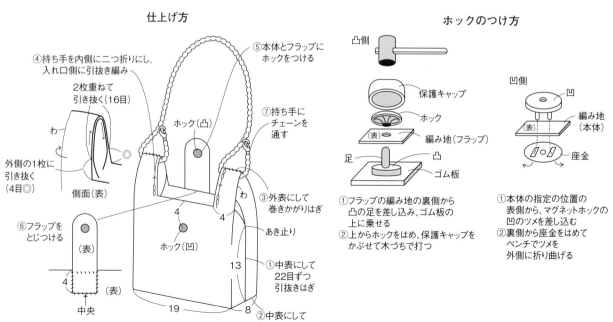

①フラップの編み地の裏側から
　凸の足を差し込み、ゴム板の
　上に乗せる
②上からホックをはめ、保護キャップを
　かぶせて木づちで打つ

①本体の指定の位置の
　表側から、マグネットホックの
　凹のツメを差し込む
②裏側から座金をはめて
　ペンチでツメを
　外側に折り曲げる

本体の編み方

※①〜⑬ の番号順に編む

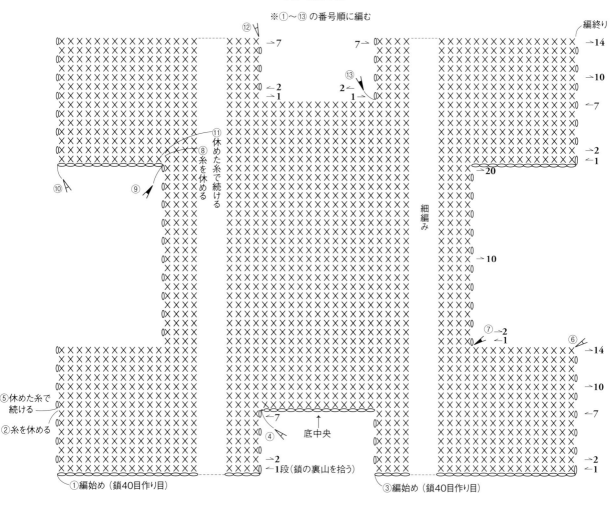

⑫ →7
①
⑩
⑪ 休めた糸で続ける
⑧ 糸を休める
⑨
→2
→1
⑬
2←
1→
7←
7→
編終り
→14
→10
←7
⑳
→2
←1
細編み
→10
⑤ 休めた糸で続ける
② 糸を休める
⑦ →2
←1
⑥ →14
→10
←7
→2
←1
④ →7
底中央
→2
←1段(鎖の裏山を拾う)
①編始め(鎖40目作り目)
③編始め(鎖40目作り目)

フラップ
細編み

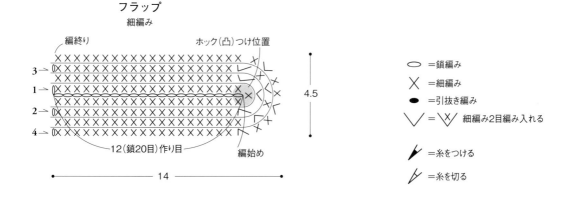

編終り
ホック(凸)つけ位置
3→
1→
2→
4→
12(鎖20目)作り目
編始め
4.5
14

○ =鎖編み
╳ =細編み
● =引抜き編み
V =細編み2目編み入れる
ノ =糸をつける
ノ =糸を切る

67

W

写真・26ページ

糸 ·············· ハマナカ ルナモール（50g玉巻き）
　　　　　　　チャコールグレー（15）125g
　　　　　　　ブルーグレー（2）100g
針 ·············· 7/0号かぎ針
その他 ········ ハマナカ チャームハンドル（直径12.5cm／
　　　　　　　黒／H210-011）1組み
ゲージ ········ 細編み　17目19段が10cm四方
サイズ ········ 図参照

［編み方］

糸は1本どりで、指定の色で編みます。

1 本体の1段めはハンドルに編みつけ、細編みで増しながら底まで編みます。

2 サイドは鎖編みで作り目し、底側から細編みで増しながら編みます。

3 本体2枚の底どうしを突合せにして、巻きかがりはぎにします。

4 サイドに本体を1目ずつ重ね、引抜き編みでつなぎます。

Point!

仕上げで引抜き編みをする際は、編始めと編終りの糸を一度ハンドルに巻き、しっかりと固定して強度を出します。

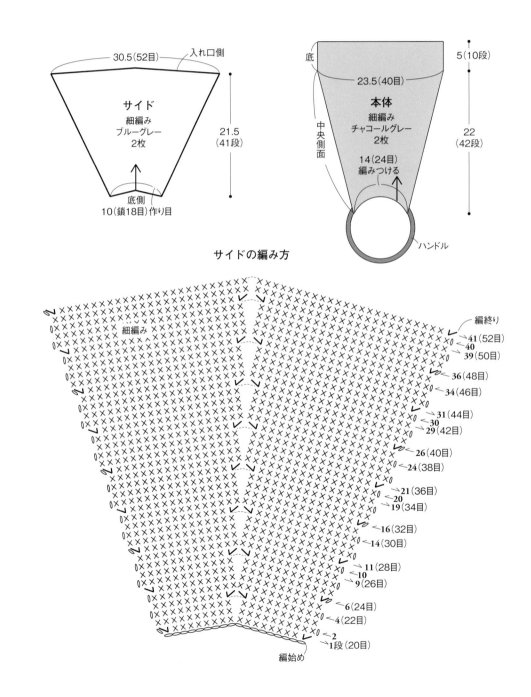

サイドの編み方

本体の編み方

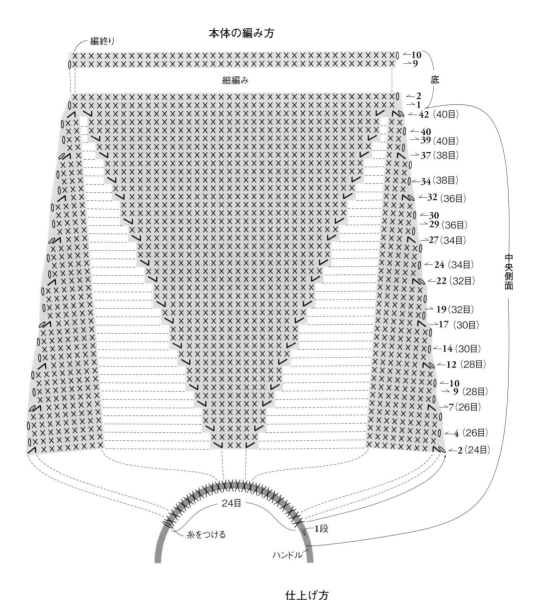

編終り
細編み
底
中央側面

←10
→9
←2
→1
←42 (40目)
←40
→39 (40目)
←37 (38目)
←34 (38目)
←32 (36目)
←30
→29 (36目)
→27 (34目)
←24 (34目)
←22 (32目)
←19 (32目)
→17 (30目)
←14 (30目)
←12 (28目)
←10
→9 (28目)
→7 (26目)
←4 (26目)
←2 (24目)

24目
糸をつける
1段
ハンドル

○ =鎖編み

✕ =細編み

∨ = ＼Ｘ／ 細編み2目編み入れる

∧ = ＼Ｘ／ 細編み2目一度

仕上げ方

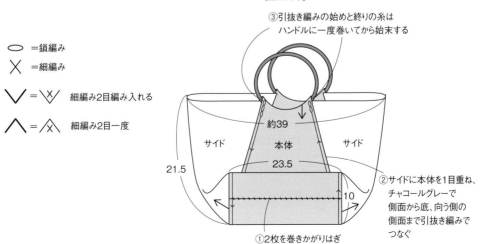

③引抜き編みの始めと終りの糸は
ハンドルに一度巻いてから始末する

約39
サイド
本体
サイド
23.5
21.5
10

②サイドに本体を1目重ね、
チャコールグレーで
側面から底、向う側の
側面まで引抜き編みで
つなぐ

①2枚を巻きかがりはぎ

Y 写真・28ページ

糸 ············· リッチモア パーセント (40g玉巻き)
　　　　　A パープル (59)、ホワイト (95) 各15g
　　　　　　グレー (93) 5g
　　　　　M ブルー (39)、ホワイト (95) 各15g
　　　　　　グレー (93) 5g
　　　　　R ライムグリーン (16)、
　　　　　　ホワイト (95) 各15g
　　　　　　グレー (93) 5g
針 ············· 5/0号かぎ針
ゲージ ······· 長編みの編込み模様　25目10.5段が10cm四方
サイズ ······· 幅13cm　深さ11.5cm

[編み方]

糸は1本どりで、指定の色で編みます。

1 本体はホワイトで鎖編み30目を作り目し、長編みの編込み模様を編みます。1段めは芯糸1本を編みくるみながら鎖の両側に編んで輪にします。

2 3段めからは、指定の位置にグレーの糸をつけて前側にイニシャルを編み込み、増減なく編みます。

3 ひもを編み、13段めの左右の脇から通します。

Point!

イニシャル部分のみにグレーを編み込むことで、発色のいいキャンディーカラーの巾着に仕上がります。

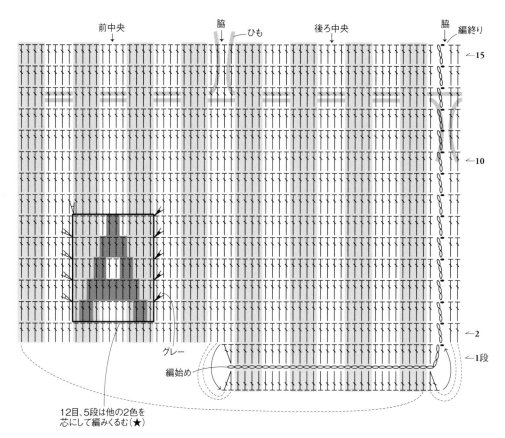

12目、5段は他の2色を
芯にして編みくるむ(★)

グレー

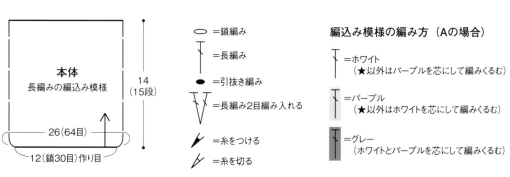

本体
長編みの編込み模様
26(64目)
14(15段)
12(鎖30目)作り目

◯ =鎖編み
┬ =長編み
● =引抜き編み
𝖸 =長編み2目編み入れる
✁ =糸をつける
✁ =糸を切る

編込み模様の編み方（Aの場合）

┬ =ホワイト
（★以外はパープルを芯にして編みくるむ）

┃ =パープル
（★以外はホワイトを芯にして編みくるむ）

┃ =グレー
（ホワイトとパープルを芯にして編みくるむ）

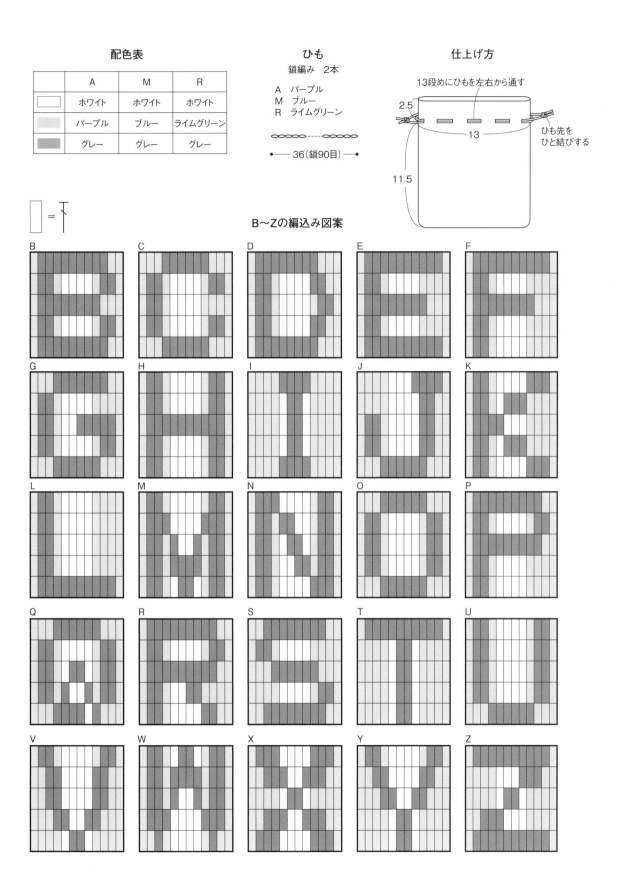

配色表

	A	M	R
	ホワイト	ホワイト	ホワイト
	パープル	ブルー	ライムグリーン
	グレー	グレー	グレー

ひも
鎖編み　2本

A　パープル
M　ブルー
R　ライムグリーン

●━━ 36(鎖90目) ━━●

仕上げ方

13段めにひもを左右から通す

2.5

13

11.5

ひも先を
ひと結びする

□ = ⊤

B～Zの編込み図案

B C D E F

G H I J K

L M N O P

Q R S T U

V W X Y Z

Z 写真・14 , 29ページ

糸 ············ ハマナカ ルナモール（50g玉巻き）190g
　　　　　　 p.14／ブラック（10）　p.29／オフホワイト（11）
　　　　　　 ハマナカ エコアンダリヤ（40g玉巻き）55g
　　　　　　 p.14／ブラック（30）　p.29／シルバー（174）
針 ············ 6/0号かぎ針
その他 ······· ハマナカ バッグ用角カン（銀／H206-053-2）1組み
ゲージ ······· 模様編み　18目18.5段が10cm四方
サイズ ······· 入れ口幅35.5cm　深さ23cm

[編み方]
糸は1本どりで、指定の糸で編みます。

1　側面は鎖編み54目を作り目し、模様編みでひも通し穴をあけながら
　132段編み、中表にして編始めと編終りを引抜きはぎにして輪にし
　ます。
2　底は鎖編みで作り目し、細編みで増しながら編み、続けて側面と中表
　にして引抜きはぎにします。
3　ひもを鎖編みで2本編み、側面の左右の脇から通し、ひも先をひと
　結びします。
4　持ち手は角カンに糸をつけて編み始め、細編みで編み、指定の位置
　に巻きかがりでつけます。
5　持ち手を側面の脇にまつりつけます。

Point!
・側面と底をはぎ合わせるときは、脇の位置を合わせましょう。
・側面は、底とはぎ合わせる前にスチームアイロンをかけて形を整えま
　しょう。

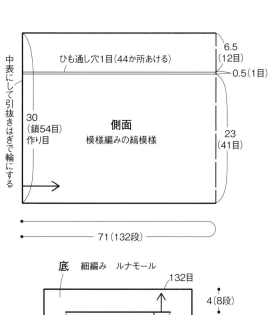

ひも通し穴1目（44か所あける）
6.5（12目）
0.5（1目）
中表にして引抜きはぎで輪にする
30（鎖54目）作り目
23（41目）
側面
模様編みの縞模様
71（132段）

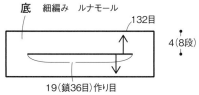

底　細編み　ルナモール
132目
4（8段）
19（鎖36目）作り目

ひも
鎖編み 2本
ルナモール
83（鎖150目）

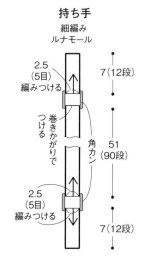

持ち手
細編み
ルナモール
2.5（5目）編みつける
巻きかがりでつける
角カン
7（12段）
51（90段）
2.5（5目）編みつける
7（12段）

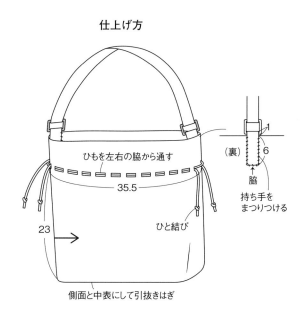

仕上げ方
ひもを左右の脇から通す
35.5
ひと結び
23
側面と中表にして引抜きはぎ
（裏）
1
6
脇
持ち手をまつりつける

底の編み方

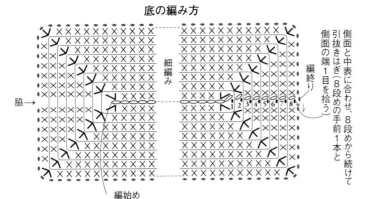

脇→

細編み

編始め

編終り

側面の端1目を拾う）
引抜きはぎ（8段めから続けて
側面と中表に合わせ、8段めから

底の目数と増し方

段	目数	増し方
8	132目	
7	124目	
6	116目	
5	108目	毎段8目増す
4	100目	
3	92目	
2	84目	
1	鎖の両側から76目拾う	

側面の編み方

持ち手の編み方

細編み

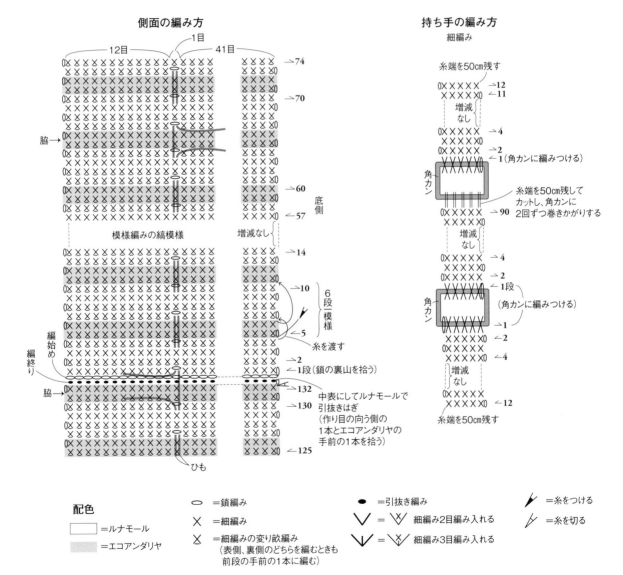

脇→

編始め

編終り

脇→

ひも

12目　1目　41目

→74

→70

→60

→57

→14

→10

→5

→2
←1段（鎖の裏山を拾う）

→132

→130

←125

底側

模様編みの縞模様

増減なし

6段模様

糸を渡す

中表にしてルナモールで
引抜きはぎ
（作り目の向こう側の
1とエコアンダリヤの
手前の1本を拾う）

糸端を50cm残す

→12
←11

増減なし

→4

→2
←1（角カンに編みつける）

角カン

糸端を50cm残してカットし、角カンに2回ずつ巻きかがりする

→90

増減なし

→4

→2
←1段
（角カンに編みつける）

角カン

←1

→2

→4

増減なし

←12

糸端を50cm残す

配色

□	=ルナモール
▨	=エコアンダリヤ

◯ =鎖編み

✕ =細編み

✕ =細編みの変り畝編み
（表側、裏側のどちらを編むときも
前段の手前の1本に編む）

● =引抜き編み

⋁ = 細編み2目編み入れる

⋁ = 細編み3目編み入れる

✓ =糸をつける

✗ =糸を切る

73

X 写真・27ページ

糸 ………… ハマナカ エクシードウールFL《合太》
　　　　　　　（40g玉巻き）
　　　　　　　ブラック（230）65g
　　　　　　　ハマナカ ルーポ（40g玉巻き）
　　　　　　　ブラウン、シルバー系（4）25g
針 ………… 4/0号、10/0号かぎ針
ゲージ …… 中長編みの畝編み　27目20段が10cm四方
　　　　　　　長編み　9目が10cm、5段が11cm
サイズ …… てのひら回り16cm　長さ20.5cm

[編み方]

糸は1本どりで、指定の糸と針で編みます。

1　本体は4/0号針で鎖編み55目を作り目し、中長編みの畝編みで増減なく
　　32段編みます。親指穴をあけながら引抜きはぎで輪にします。

2　カバーは10/0号針で鎖編み12目を作り目し、長編みで増減なく編みま
　　す。

3　カバーを本体の甲側にかぶせてまつりつけます。

4　同じものをもう1組み編み、親指穴の位置を対称にしてカバーをまつりつ
　　けます。

Point!

左右セットのものを編むときは、2つを同時進行で編むとサイズを合わせ
やすいです。

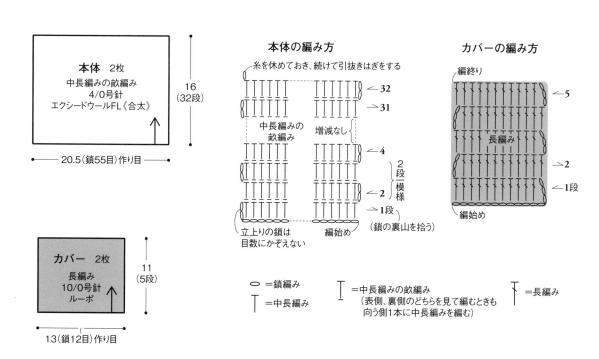

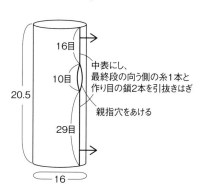

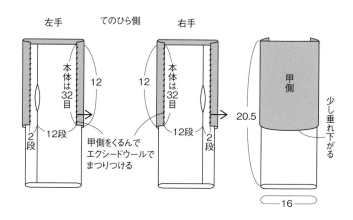

基礎テクニック

作り目

◎編始めの方法

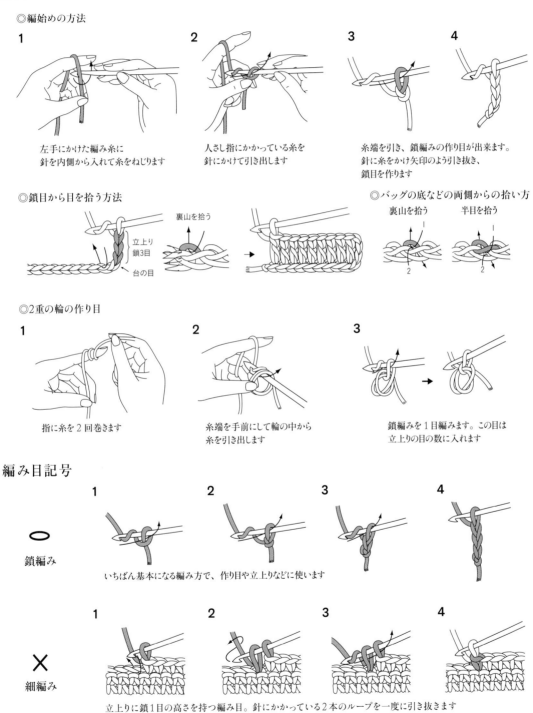

1

左手にかけた編み糸に
針を内側から入れて糸をねじります

2

人さし指にかかっている糸を
針にかけて引き出します

3 4

糸端を引き、鎖編みの作り目が出来ます。
針に糸をかけ矢印のよう引き抜き、
鎖目を作ります

◎鎖目から目を拾う方法

裏山を拾う

立上り
鎖3目

台の目

◎バッグの底などの両側からの拾い方

裏山を拾う　　半目を拾う

◎2重の輪の作り目

1

指に糸を2回巻きます

2

糸端を手前にして輪の中から
糸を引き出します

3

鎖編みを1目編みます。この目は
立上りの目の数に入れます

編み目記号

○

鎖編み

1 2 3 4

いちばん基本になる編み方で、作り目や立上りなどに使います

×

細編み

1 2 3 4

立上りに鎖1目の高さを持つ編み目。針にかかっている2本のループを一度に引き抜きます

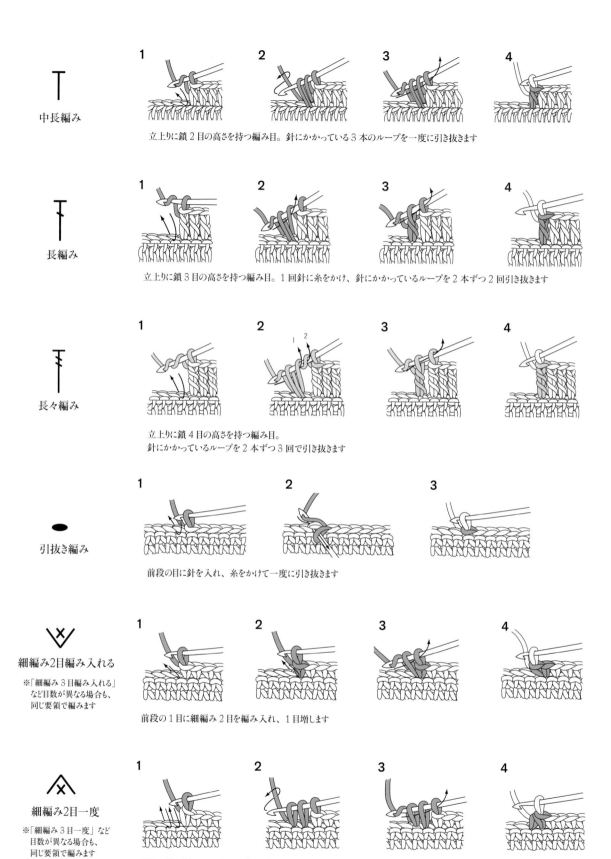

中長編み	立上りに鎖2目の高さを持つ編み目。針にかかっている3本のループを一度に引き抜きます
長編み	立上りに鎖3目の高さを持つ編み目。1回針に糸をかけ、針にかかっているループを2本ずつ2回引き抜きます
長々編み	立上りに鎖4目の高さを持つ編み目。針にかかっているループを2本ずつ3回で引き抜きます
引抜き編み	前段の目に針を入れ、糸をかけて一度に引き抜きます
細編み2目編み入れる ※「細編み3目編み入れる」など目数が異なる場合も、同じ要領で編みます	前段の1目に細編み2目を編み入れ、1目増します
細編み2目一度 ※「細編み3目一度」など目数が異なる場合も、同じ要領で編みます	前段の目から糸を引き出しただけの未完成の2目を、針に糸をかけて一度に引き抜いて1目減らします

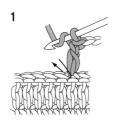
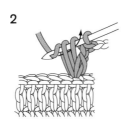
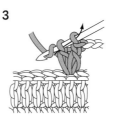
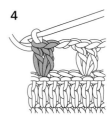

長編み2目編み入れる

※目数が異なる場合や、
中長編みの場合も
同じ要領で編みます

前段の1目に長編み2目を編み入れ、1目増します

記号の見方

根もとが ついている場合	根もとが 離れている場合
前段の目に針を 入れて編みます	前段の鎖編みの ループをすくって 編みます。束にすくう と言います

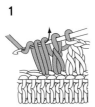

長編み2目一度

※目数が異なる場合や、
中長編み、長々編みの
場合も同じ要領で
編みます

未完成の長編みを2目編み、一度に引き抜いて1目減らします

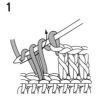
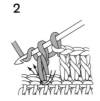
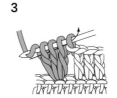

長編み3目の玉編み

※目数が異なる場合も、
同じ要領で編みます

前段の1目に未完成の長編みを3目編み、一度に引き抜きます

細編みの筋編み

※長編みの場合も、
同じ要領で編みます

前段の細編みの頭の向う側の1本だけをすくい、細編みを編みます。
前段の目の手前側の1本の糸が残って筋ができます

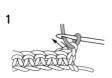

畝編み

※中長編みの場合も、
同じ要領で編みます

前段の細編みの頭の向う側の1本だけをすくい、細編みを編みます。
毎段向きを変えて往復編みで編み、2段で1つの畝ができます

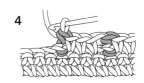

細編みの
裏引き上げ編み

前段の柱を矢印のようにすくって細編みを編みます

中長編みの
表引上げ編み

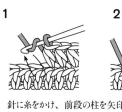 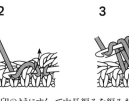 

針に糸をかけ、前段の柱を矢印のようにすくって中長編みを編みます。前段の頭の鎖目が向う側に出ます

長編みの
表引上げ編み

  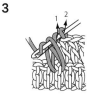 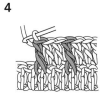

前段の柱を手前側からすくい、長めに糸を引き出して長編みと同じ要領で編みます

長編みの
裏引上げ編み

  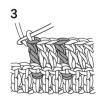

前段の柱を向う側からすくい、長めに糸を引き出して長編みと同じ要領で編みます

の場合

裏を見て編むので
を編みます

長編みの変り交差

1目先の目に長編みを編みます。
次の目は針を長編みの裏側を
通って矢印のように入れ、
長編みを編みます

先に編んだ目が上に
重なって交差します

長編みの変り交差

1目先の目に長編みを編みます。
次の目は針を長編みの表側を
通って矢印のように入れ、
長編みを編みます

細編みのリング編み

鎖1目で立ち上がり、
左手の中指に糸をかけ、
編み地の向う側へ下ろします

糸と一緒に編み地を押さえ、
リングの長さを決めます

糸を押さえたまま、矢印のよう
に前段の頭に針を入れて糸を
かけて、引き出します

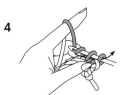

針に糸をかけ、目がゆるまない
ように注意して細編みと同じ
要領で糸を引き抜きます

編み地の向う側に
リングができます

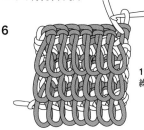

1〜5を
繰り返します

糸を編みくるむ方法

◎細編み

1

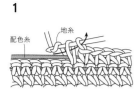

2

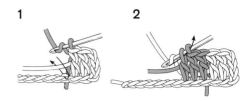

◎長編み

1

2

休ませた糸をそわせ、編みくるみながら細編みを編みます。
糸を替えるときは、手前の目を引き抜くときに配色糸と地糸を替えて編みます

長編みの場合も、細編みと同じ要領で編みます

はぎ方
引抜きはぎ

1

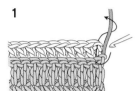

2

3

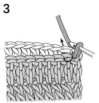

4

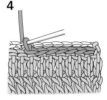

巻きかがりはぎ

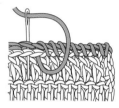

編み地を指定の面どうしを
合わせ、端の目に針を入れます

糸をかけて
引き出します

両側の編み目の
頭をすくいます

1目ごとに引抜き編みを
編み、きつくならないように
注意します

編み地を外表に合わせ、
1目ずつ編み目の頭全部
をすくいます

スレッドコード

1

2

3

4

糸端を仕上りの約3〜3.5倍
の長さを残し、端の目を作ります

糸端側の糸を針の
手前から向う側に
かけます

針に糸玉側の糸をかけ、
針にかかっている糸2本を
引き抜きます。
1目出来上り

2、3を繰り返します

フリンジのつけ方

1

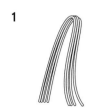

2

3

4

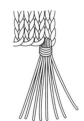

糸を指定の長さにカットします

編み地の端の目に、
かぎ針を裏側から入れ、
二つ折りにしたフリンジの糸を
かけます

編み目の中から引き出し、
輪の中に通します

糸端を引き締めます

ブックデザイン　中島美佳
撮影　水野美隆
プロセス撮影　中辻 渉
スタイリング　川瀬英里奈
ヘアメイク　小松胡桃（ROI）
モデル　神山まりあ（idea）
トレース　大楽里美（day studio）
編み図制作　善方信子
校閲　向井雅子
　　　渡辺道子
編集　永谷千絵（リトルバード）
　　　三角紗綾子（文化出版局）

この本の作品はハマナカ手芸手あみ糸、リッチモア手あみ糸を使用しています。
糸については下記へお問い合わせください。

［素材提供］
ハマナカ
〒 616-8585　京都市右京区花園薮ノ下町 2 番地の 3
http://www.hamanaka.jp
http://www.richmore.jp
info@hamanaka.co.jp

INAZUMA（植村）
https://www.inazuma.biz/
info@inazuma.biz

※材料の表記は 2021 年 8 月現在のものです。

オトナ女子のウールクロッシェ

2021 年 9 月 10 日　第 1 刷発行
2021 年 9 月 21 日　第 2 刷発行

著者　Little Lion
発行者　濱田勝宏
発行所　学校法人文化学園 文化出版局
　　　　〒 151-8524　東京都渋谷区代々木 3-22-1
　　　　tel.03-3299-2487（編集）
　　　　tel.03-3299-2540（営業）
印刷・製本所　株式会社文化カラー印刷

文化出版局のホームページ　http://books.bunka.ac.jp/

この本についてのお問合せは下記へお願いします。
リトルバード　tel.03-5309-2260
受付時間／13:00 〜 16:00（土日・祝日はお休みです）